ZIYUAN HUANJING CHENGZAILI YUESHU XIA
JINGJINJI CHANYE ZHUANYI LUJING YANJIU

资源环境承载力约束下
京津冀产业转移路径研究

常永智 著

河北科学技术出版社

·石家庄·

图书在版编目（CIP）数据

资源环境承载力约束下京津冀产业转移路径研究 /
常永智著. -- 石家庄：河北科学技术出版社，2022.6（2023.3重印）
ISBN 978-7-5717-1127-6

Ⅰ. ①资… Ⅱ. ①常… Ⅲ. ①区域环境—环境承载力—关系—产业转移—研究—华北地区 Ⅳ. ①F269.272

中国版本图书馆CIP数据核字(2022)第090179号

资源环境承载力约束下京津冀产业转移路径研究
常永智　著

出版发行	河北科学技术出版社
地　　址	石家庄市友谊北大街330号（邮编：050061）
印　　刷	河北万卷印刷有限公司
开　　本	787×1092　1/16
印　　张	11
字　　数	158千字
版　　次	2022年6月第1版
印　　次	2023年3月第2次印刷
定　　价	68.00元

内容提要

京津冀协同发展战略已于 2014 年上升至国家战略，产业一体化是京津冀协同发展的实体内容和重要支撑。本书拟对资源环境承载力约束下京津冀产业转移路径进行研究，其目的是为促进京津冀协同发展提供基础性的、具体的理论研究资料，同时也为政府及相关部门的决策提供科学依据。本书在分析京津冀资源环境承载力与产业结构现状的基础上，总结京津冀资源环境承载力与产业结构非协调性及其成因；其次，通过资源供求、环境承载力和经济效益供需平衡关系，建立资源环境承载力——产业结构多维度耦合综合评价模型，采用主成分分析法评价得出三次产业调整战略及具体产业发展方向；第三，基于新经济地理学市场潜力模型，计算分析京津冀各城市的市场潜力，并结合空间生产理论，对京津冀区域进行城市功能定位和空间优化；最后，运用产业区位商模型，提出资源环境承载力约束下，依托城市功能定位的产业转移路径，并提出河北省各城市在承接产业转移中的对策建议。

基于上述研究得到以下主要结论：

（1）北京呈现"三、二、一"型三产支撑型产业结构；天津逐步向"三、二、一"型产业结构转型，呈现二产、三产共同发展的双产支撑型；河北呈现"二、三、一"型的二产强支撑型产业结构。2010 年北京的产业结构已步入工业化阶段，天津产业结构 2015 年后已后工业化阶段；2017 年河北省产业结构进入工业化后期阶段。京津冀三地资源环境承载力薄弱，海河流域超载严重，2020 年京津冀地区出现的用水缺口主要为河北省，京津冀地区单位面积内能耗远高于全国水平，这也是造成大气污染的原因之一。

（2）通过主成分分析法评价研究可知，京津冀各城市资源环境承载力排序为北京、天津、石家庄、唐山、邯郸、保定、承德、邢台、张家口、沧州、廊坊、秦皇岛、衡水；而产业经济发展排序为北京、天津、唐山、石家庄、保定、邯郸、廊坊、秦皇岛、沧州、邢台、衡水、承德、张家口。

（3）市场潜力模型的分析表明，京津冀的空间格局以京津为中心，由内向外递减，分为3个等级：北京和天津最高，廊坊、唐山、保定、沧州和石家庄次之，秦皇岛、邯郸、邢台、衡水、承德和张家口最低。廊坊、唐山、保定、沧州、承德和张家口地区的市场份额主要来自京津，与京津联系最密切，河北和京津市场潜力差距有逐步扩大的趋势。空间生产理论研究表明，北京大都市阴影区的形成与长期固化，则与北京及外围地区之间长时期以来采用背离型互动战略直接相关。京津冀协同发展中，应该重视地方层面的发展战略协调与良性互动。

（4）京津冀三地间产业区位商存在显著的差异。北京和天津主导产业集中在技术密集型的现代制造业，重合度较高。总部经济是北京重要的经济特征之一，发展服务经济是其主体与优势所在，信息技术、文化、金融等是北京的主导产业。天津打造高端制造业的品牌，在装备制造领域形成具有强大世界级竞争力重点产业链和产业体系。河北省各城市结合自身优势和特点，重点承接北京的产业转移，如食品制造业的承接城市为廊坊、承德、秦皇岛；黑色金属冶炼及压延加工业承接地为邢台、邯郸、唐山、承德。

（5）在产业承接中，河北省与京津的紧密协同区，应积极承接北京的第三产业尤其是服务业的转移，同时利用天津打造先进制造研发基地的战略契机，承接天津一般制造业的转移，从而进行第二产业的转型升级。非紧密协同区应立足自身优势，充分发展特色产业。产业承接中，河北省应在产业对接，平台构建，产业升级，积极引进技术、人才等方面制定相应的措施，并积极发展特色小镇、特色小城镇，推动区域发展。

关键词：京津冀协同发展，资源环境承载力，产业结构，产业转移，城市功能定位，产业承接

前　　言

推动京津冀协同发展，是党中央、国务院在新的历史条件下做出的重大战略决策部署，是一项重大国家战略。2014年12月京津冀协同发展被明确定位为国家重点实施的三大空间战略之一。2015年4月30日，中共中央通过《京津冀协同发展规划纲要》，纲要提出，在疏解北京非首都功能、优化首都核心功能的同时，要强化京津双城联动，壮大提升石家庄、保定、唐山、秦皇岛、沧州等区域性中心城市功能，建设以首都为核心、生态环境良好、经济文化发达、社会和谐稳定的世界级城市群。京津冀协同发展，核心是京津冀三地作为一个整体协同发展，并以疏解北京非首都功能、破解北京"大城市病"为基本出发点，调整优化城市布局和空间结构，构建现代化交通网络系统，推进产业升级转移，推动公共服务共建共享，加快市场一体化进程，形成目标同向、措施一体、互利共赢的协同发展新格局。

本书作者在之前对资源环境承载力与产业发展的研究中指出：资源环境承载力是产业可持续发展的基础，资源环境承载力和产业发展二者紧密相关。资源环境承载力约束产业转移，产业一体化是京津冀协同发展的实体内容和重要支撑。作者认为要解决好京津冀协同发展问题，应在分析京津冀资源环境承载力与产业结构现状的基础上，总结京津冀资源环境承载力与产业结构非协调性及其成因，通过资源环境承载力约束下的京津冀产业结构优化分析，从促进区域主体间积极战略互动的角度，提出京津冀区域空间生产协同发展的路径。

基于此，本书在分析京津冀资源环境承载力与产业结构现状的基础上，总结京津冀资源环境承载力与产业结构非协调性及其成因；其次，通过资源供求、环境承载力和经济效益供需平衡关系，建立资源环境承载力——产业结构多维度耦合综合评价模型，采用主成分分析法评价得出三次产业调整战略及具体产业发展方向；第三，基于新经济地理学市场潜力模型，计算分析京津冀各城市的市场潜力，并结合空间生产理论，对京津冀区域进行城市功能定位和空间优化；最后，运用产业区位商模型，提出资源环境承载力约束下，依托城市功能定位的产业转移路径，并提出河北省各城市在承接产业转移中的对策建议。

以往对资源环境承载力和产业转移及路径的研究较为单一，或以资源环境承载力研究为主，或以宏观的产业转移研究为主。而本书研究聚焦于国家重大战略，在学术层面和产业实际方面，设定研究目标。本书通过深化资源环境承载力约束下的产业转移路径研究典型案例分析，为我国的区域协同纵深发展提供重要的科学依据，同时也是为响应国家空间战略需求而开展的非常有意义的实践，为促进京津冀协同发展提供基础性的、具体的理论研究资料的同时，也为政府及相关部门的决策提供科学依据。

本书提炼了河北省省级科技计划资助（20557643D）、河北省社科基金（HB20YJ014）、河北省高等学校人文社会科学（SQ2022088）、河北省统计科学研究（计划）(2021HY04)、北华航天工业学院科研基金（BKY-2020-04、BKY-2018-25）等项目的研究成果。

由于作者水平有限，书中难免存在不足之处，敬请读者和专家批评指正。

编 者

2022 年 3 月

目 录

1 绪 论 …………………………………………………………… (1)
  1.1 研究背景、目的与意义 ……………………………………… (1)
    1.1.1 研究背景 ……………………………………………… (1)
    1.1.2 研究目的 ……………………………………………… (2)
    1.1.3 研究意义 ……………………………………………… (2)
  1.2 研究现状及发展动态 ………………………………………… (4)
    1.2.1 资源环境承载力国内外研究现状 …………………… (4)
    1.2.2 产业转移国内外研究现状 …………………………… (6)
    1.2.3 城市功能定位与产业发展研究现状 ………………… (8)
    1.2.4 资源环境承载力约束下的产业转移研究现状 ……… (9)
  1.3 研究内容与创新点 ………………………………………… (11)
    1.3.1 研究内容 ……………………………………………… (11)
    1.3.2 研究方法 ……………………………………………… (13)
    1.3.3 技术路线 ……………………………………………… (15)
    1.3.4 创新点 ………………………………………………… (15)

2 相关概念及理论 …………………………………………………… (17)
  2.1 相关概念 ……………………………………………………… (17)
    2.1.1 资源环境约束 ………………………………………… (17)
    2.1.2 协同发展 ……………………………………………… (18)
  2.2 理论基础 ……………………………………………………… (19)
    2.2.1 资源配置理论 ………………………………………… (19)

2.2.2　可持续发展理论……………………………………………(20)
　　2.2.3　城市空间演变理论…………………………………………(22)
　　2.2.4　产业生态学理论……………………………………………(25)
　　2.2.5　循环经济理论………………………………………………(26)
3　京津冀产业结构及资源环境承载力状况分析……………………………(28)
　3.1　京津冀区域概况……………………………………………………(28)
　　3.1.1　北京概况……………………………………………………(28)
　　3.1.2　天津概况……………………………………………………(30)
　　3.1.3　河北省概况…………………………………………………(31)
　3.2　京津冀三地产业发展状况…………………………………………(33)
　　3.2.1　京津冀三地GDP分析………………………………………(33)
　　3.2.2　京津冀三地产业结构分析…………………………………(34)
　　3.2.3　京津冀三地投资状况分析…………………………………(37)
　　3.2.4　京津冀三地科研教育状况分析……………………………(38)
　3.3　京津冀资源环境承载力状况………………………………………(39)
　　3.3.1　京津冀资源承载力现状……………………………………(39)
　　3.3.2　京津冀环境承载力现状……………………………………(44)
　3.4　京津冀产业结构和资源环境承载力中存在问题…………………(50)
　　3.4.1　京津冀三地产业结构发展不合理…………………………(50)
　　3.4.2　京津冀三地资源环境承载力薄弱…………………………(51)
　3.5　本章小结……………………………………………………………(54)
4　资源环境承载力约束下的京津冀产业结构评价…………………………(55)
　4.1　资源环境承载力约束下的产业结构评价指标体系的建立………(57)
　　4.1.1　指标体系构建原则…………………………………………(57)
　　4.1.2　指标体系建立………………………………………………(58)
　4.2　资源环境承载力——产业结构多维度耦合评价模型构建………(60)
　　4.2.1　主成分分析法………………………………………………(60)

目录

  4.2.2 原始数据 ·· (61)
  4.2.3 无量纲化 ·· (61)
  4.2.4. 权重分析 ·· (64)
  4.2.5 数据分析 ·· (68)
 4.3 资源环境约束下京津冀产业发展分析 ······················ (72)
  4.3.1 基于矿产资源约束的京津冀产业发展分析 ········· (72)
  4.3.2 基于土地资源约束的京津冀产业发展分析 ········· (74)
  4.3.3 基于水资源约束的京津冀产业发展分析 ············ (75)
  4.3.4 基于大气容量约束的京津冀产业发展分析 ········· (75)
  4.3.5 基于水环境容量约束的京津冀产业发展分析 ······ (76)
 4.4 本章小结 ··· (76)

5 京津冀区域各城市多层级空间结构研究 ························· (79)
 5.1 基于市场潜力模型的京津冀空间格局分析 ················ (80)
  5.1.1 市场潜力模型的建立 ··································· (80)
  5.1.2 数据来源 ·· (81)
  5.1.3 京津冀地区综合市场潜力分析 ······················· (83)
  5.1.4 综合市场潜力发展趋势分析 ·························· (84)
 5.2 京津冀区域空间生产机制探析 ······························ (85)
  5.2.1 北京、上海与其外围地区的战略互动 ············· (86)
  5.2.2 北京与上海周边差异化"空间生产"解析 ········ (91)
 5.3 资源环境约束下京津冀城市功能定位 ····················· (94)
  5.3.1 资源约束下北京城市功能定位 ······················· (94)
  5.3.2 资源环境约束下天津城市功能定位 ··············· (100)
  5.3.3 资源环境约束下河北省的功能定位 ··············· (106)
 5.4 本章小结 ·· (113)

6 基于城市功能定位的京津冀产业转移路径选择 ··············· (115)
 6.1 河北省各市承接北京产业的优势 ·························· (115)

  6.1.1 区位优势 ……………………………………………… (115)
  6.1.2 交通优势 ……………………………………………… (115)
  6.1.3 产业优势 ……………………………………………… (117)
  6.1.4 政策优势 ……………………………………………… (118)
 6.2 河北省承接京津产业转移进程 ………………………………… (118)
  6.2.1 河北省承接京津产业转移的现状 …………………… (118)
  6.2.2 河北省承接京津产业转移效果分析 ………………… (120)
  6.2.3 河北省承接京津产业转移存在的问题 ……………… (123)
 6.3 基于城市功能定位京津冀产业转移分析 ……………………… (124)
  6.3.1 区位商模型的建立 …………………………………… (125)
  6.3.2 京津冀三地产业区位商测算 ………………………… (125)
  6.3.3 京津冀主导产业分析 ………………………………… (126)
  6.3.4 京津冀产业转移分析 ………………………………… (129)
 6.4 京津冀产业转移中河北省发展战略 …………………………… (130)
  6.4.1 京津冀产业转移中河北省和京津的产业关系 ……… (130)
  6.4.2 与京津协同区的产业发展策略 ……………………… (131)
  6.4.3 京津冀产业转移中河北省产业发展的措施 ………… (138)
 6.5 本章小结 ………………………………………………………… (140)
7 研究结论及展望 ……………………………………………………… (143)
 7.1 研究结论 ………………………………………………………… (143)
 7.2 研究展望 ………………………………………………………… (145)
参考文献 …………………………………………………………………… (147)

1 绪 论

1.1 研究背景、目的与意义

1.1.1 研究背景

推动京津冀协同发展，是党中央、国务院在新的历史条件下做出的重大战略决策部署，是一项重大国家战略[1]。2014年12月京津冀协同发展被明确定位为国家重点实施的三大空间战略之一。2015年4月30日，中共中央通过《京津冀协同发展规划纲要》，纲要提出，在疏解北京非首都功能、优化首都核心功能的同时，要强化京津双城联动，壮大提升石家庄、保定、唐山、秦皇岛、沧州等区域性中心城市功能，建设以首都为核心、生态环境良好、经济文化发达、社会和谐稳定的世界级城市群。2017年4月，中共中央、国务院印发通知，决定设立河北雄安新区。从地方、区域到中央，对京津冀协同发展已经十分重视。京津冀协同发展，核心是京津冀三地作为一个整体协同发展，并以疏解北京非首都功能、破解北京"大城市病"为基本出发点，调整优化城市布局和空间结构，构建现代化交通网络系统，推进产业升级转移，推动公共服务共建共享，加快市场一体化进程，形成目标同向、措施一体、互利共赢的协同发展新格局[1,2]。

在学术界，无论是产业研究领域还是资源环境研究领域，都表现出将资源环境承载力与产业发展二者相结合的研究趋势，但对区域空间生产方面的研究尚不多见，尤其是在资源环境约束角度对区域空间生产的研究较少[3]。本书作者在之前对资源环境承载力与产业发展的研究中指出：资源环境承载力是产业可持续发展的基础，资源环境承载力和产业发展二者紧密相关,资源环境承载力约束产业转移[4-7]。基于此,作者认为要解决好京津冀协同发展问题,应在分析京津冀资源环境承载力与产业结构现状的基础上,总结京津冀资源环境承载力与产业结构非协调性及其成因,通过资源环境承载力约束下的京津冀产业结构优化分析,从促进区域主体间积极战略互动的角度,提出京津冀区域空间生产协同发展的路径。使京津冀地区走出单中心城市空间结构形态,以雄安新区的设立、北京-张家口共同承办2022年冬奥会等重大事件为契机,走向一条"一核两翼"的世界城市区域空间的道路。随着京津冀协同发展的不断推进和区域一体化进程加快,到2025年左右,京津冀城市群将成为中国东部地区与长三角城市群一起,引领中国和亚太地区经济发展的世界级城市群。

1.1.2 研究目的

以往对资源环境承载力和产业转移及路径的研究较为单一,或以资源环境承载力研究为主,或以宏观的产业转移研究为主。而本书研究聚焦于国家重大战略,在学术层面和产业实际方面,设定研究目标,为京津冀协同纵深发展研究提供更直接的理论借鉴和科学依据。

1)学术层面

(1)依据系统论的原理,建立基于经济效益、资源效率、资源承载力三者的相互协调和平衡的指标体系;

(2)运用定量方法建立多维度耦合的资源环境承载力——产业结构评价模型;

(3)形成对城市进行多层级空间识别方法。

2)产业实际方面

(1)总结京津冀资源环境承载力与产业结构非协调性成因;

(2)揭示京津冀三次产业调整战略及具体产业发展方向;

(3)利用定量手段对京津冀城市群进行多层级空间识别研究;

(4)提出京津冀区域空间生产协同发展的优化路径。

1.1.3 研究意义

本书对典型案例进行分析,将深化资源环境承载力约束下的产业转移路径研究，为我国的区域协同纵深发展提供重要的科学依据，同时也是为响应国家空间战略需求而开展的非常有意义的实践。

1）理论意义

（1）探索资源环境承载力约束下的产业转移路径。20世纪60—70年代，西方发达国家正经历着区域重组融合的发展阶段。该时期，宏观的区域发展研究是西方学者研究的热点，当然也包含了资源环境承载力、中心城市与周边区域关系、产业转移等领域的研究。目前，我国正处于西方发达国家当时的区域发展形势，区域的宏观把握依然是研究的主线，并且我国与发达国家从制度等方面有着本质的不同。因此，本书以京津冀纵深协同发展为目标，对资源环境承载力约束下的产业转移路径展开研究，并将进一步深化拓展国际相关研究。

（2）区域研究和资源经济学、环境经济学研究相结合。以往对资源环境承载力和产业转移及路径的研究较为单一，或以资源环境承载力为主，或以宏观的产业转移研究为主。而本书的研究则关注到京津冀多个层面的空间经济发展问题。主要表现在：在空间尺度研究上，从省（市、县、镇）多维视角出发；在数据上，从"宏观经济数据""产业数据""人口数据""企业数据"等多方面着手；从形成机理上，从文献搜索、实地调研、政府企业深度访谈等多方面行动。从宏观到微观都能很好地反映传统区域研究和资源经济学、环境经济学研究的结合，其研究具有重要的理论价值。

2）现实意义

（1）本书研究直接聚焦国家的重大战略任务。京津冀协同发展是我国目前重点实施的三大国家战略之一，而以资源环境要素空间统筹规划利用是京津冀协同发展的主线，优化区域分工和产业布局是京津冀实现纵深协同发展的重点。因此研究京津冀资源环境承载力约束下的产业转移路径具有重要的实践意义。

（2）为其他区域的协同发展提供科学借鉴。城市群是我国目前区域经济发展的主要形式，方创琳等认为我国有 23 个城市群分别处于发育、成长、成熟阶段[3,8]。在城市群的不同发展阶段中，中心城市及周边区域产业发展与资源环境承载力不匹配的现象非常普遍，因此如何处理好这种普遍存在的问题，进而确定其有效的空间发展模式，可以为其他城市群的发展建设提供成功经验和借鉴价值。

1.2 研究现状及发展动态

1.2.1 资源环境承载力国内外研究现状

资源环境承载力是衡量人类经济社会生活与自然环境之间相互关系的重要概念[9,10]，最早可追溯至 18 世纪 Malthus 人口理论，Malthus 指出资源有限并影响着人口的增长[11]。1921 年人类生态学家 Park 和 Burgess 明确提出了承载力的概念[12]。而对资源环境承载力研究，最早可追溯至 1949 年美国学者 Vogt[13]所著《生存之路》一书，书中明确提出区域承载力概念。20 世纪 80 年代初，联合国教科文组织（UNESCO）指出，在一定时期内国家或地区主体利用区内资源持续供养人口数量的资源环境承载力概念[14]。20 世纪 80 年代，Slesser[15]建立了综合考量人口、资源、环境和发展关系的系统动力学模型。20 世纪 90 年代初，《保护地球——可持续生存战略》一书中指出："承载力是地球或任何一个生态系统所能承受最大限度的影响"[16]。1995 年，诺贝尔经济学奖获得者 Arrow 等人在《Science》上发表的"经济增长、承载力和环境"论文[17]，引起了人们对资源环境承载力的广泛关注。2012 年 Running 在《Science》上发表的文章指出可供人类使用的生物质资源将在未来数十年达到"生态边界"[18]。国际上很多国家也在用资源环境承载力理论来指导本国的人类社会经济活动，如美国环保局进行的城镇和湖泊环境承载力研究，为改善湖泊水质和保护湖泊生态环境的建议提供了重要依据[19]；澳大利亚学者 Graymore 等[20,21]对东南昆士兰进行了承载力的研究，用于指导可持续评估。韩国学者 Kyushik

等[22]构建城市资源环境承载力评价系统,对首尔市城市发展的人口与经济密度限制进行决策支持。印尼学者 Widodo 等[23]针对日惹地区的土地资源承载力和水资源承载力的研究,用以评估可持续的城市发展。

我国资源环境承载力的研究,最先实践于土地、粮食与人口关系的土地资源承载力研究方面。1964 年,竺可桢在国内最早从粮食作物潜力开展了资源环境承载力定量化研究[24]。20 世纪 80 年代,随着承载力概念的引入,国内开始大规模开展"以多少土地——粮食,养活多少人"为核心的土地资源承载力研究[25-27]。土地资源承载力是我国开展最早也是最为广泛的资源环境承载力研究[28-30]。20 世纪 80 年代末期,我国北方干旱地区相继出现了生态环境恶化等问题。施雅风院士于 1989 年率先提出了水资源承载力的概念[31]。20 世纪末,区域环境问题不断出现,我国环境问题开始被人们所关注[32]。国内较为规范的"环境承载力"概念最早于 1991 年由曾维华等[33]提出。自此,学者们对环境承载力开始进行广泛研究,承载力评价在各个领域得到不同程度的延伸,旅游资源承载力、湖泊承载力和海洋承载力等均得到相应研究[34-36]。从进入 21 世纪开始,以"自然—经济—社会"区域复合生态系统协调发展为目标,聚焦"生态承载力"和"资源环境综合承载力"的研究逐渐成为热点[37,38]。

资源环境承载力研究的核心内容之一是评价指标体系的构建。科学、合理的资源环境承载力评价指标体系,不仅可以反映区域资源环境承载力变化情况,涉及资源、环境、生态、社会经济等诸多系统,还可以在时间和空间维度上进行比较,为决策提供建议[39,40]。其中最具影响力的指标体系为 UNEP 的 DPSIR 概念框架。DPSIR 模型从系统分析的角度看待人和环境系统的相互作用[41],在一定层面上反映社会、经济发展和人类行为对环境的影响。国内学者针对资源环境承载力的单要素评价、综合评价、不同应用领域或不同区域评价等,建立了不同评价指标体系。如高素芳[42]构建了水资源承载力的评价指标体系;任家强等[43]对土地资源承载力评价体系的构建；范丽雅等[44]对大气环境承载力指标进行了研究及量化；刘叶志等[45]指出矿产资源承载力指标体系应包含人口承载力、矿产资源经济承载力等指标；樊杰等[37,38]构建了应用于汶川、玉树灾后重建的承载力综合评价指标体系。

不同学者基于不同研究目标，在资源环境承载力评价中往往选取不同的方法。FAO的农业生态区域法（AEZ）是最经典的土地资源承载力评价方法。该方法在20世纪70—80年代被中美洲、南美洲、非洲、东南亚和西南亚五个区域的117个发展中国家应用和推广。国内一些学者采用该方法开展了对土地资源承载力的评价[46-48]。系统动力学模型是被最广泛应用的一种方法，如Meadows等[49]开发的"世界模型Ⅱ"是该模型应用的典范；Slesser[15]的ECCO系统动力学模型在非洲的部分国家得到推广。国内学者毛汉英等[50]、方创琳[51]、祝秀芝等[52]采用该模型对土地承载力进行了研究。Rees[53]提出的生态足迹法是目前生态承载力研究的主流，我国学者徐中民等[54]、闵庆文等[55]、谢高地等[56]也采用该方法进行了相应的应用研究。

1.2.2 产业转移国内外研究现状

产业转移是指资源供给或产品需求等条件变化导致的，一国或地区将其部分产业转移到其他国家或地区的经济现象，表现为产业的空间迁移，产业转移可分为国际间的产业转移与一国内部的产业转移。

最早关于产业转移的研究报道，可追溯到古典经济学家对"分工理论"的研究，其中的代表人物首推Smith和Ricardo。Smith的绝对优势理论[57]与Ricardo的比较优势理论[58]揭示了产业分工合作的原因。Heckscher和Ohlin提出的要素禀赋理论[59]拓展了传统的比较优势理论，劳动分工与区域比较优势理论为研究产业转移奠定了基础。

发展中国家视角的产业转移理论研究中，Akamatsu最早提出产业发展"雁型模式"[60]，依据这种模式，产业的发展依次要经历进口、进口替代、出口、重新进口四个阶段。在Akamatsu产业发展"雁型模式"基础上

Yamazawa进行了扩展,提出了"引进—进口替代—出口成长—成熟—逆进口"五个阶段[61](如图1.1所示)。此外还有Wells[62]的小规模技术理论、Lall[63]的技术地方化理论、Cantwell和Tolentino[64]提出的技术创新推动产业升级理论,也从发展中国家视角对产业转移理论进行了研究。而Lewist[65]的"劳动密集型产业转移理论"、Vernon[66]的"产品生命周期理论"、Dunning[67,68]提出"国际生产折衷理论"、Kojima在Akamatsu[69]理论基础上提出了"边际产业转移理论",从发达国家视角对产业转移理论做出了深入研究。

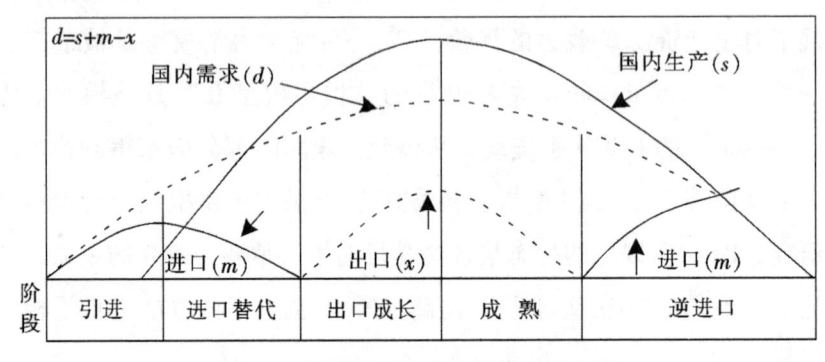

图1.1 "雁行产业发展形态"的扩展

二战后,国际产业转移大致经历了三个阶段:第一阶段(二战后到60年代),美国向欧洲和东亚等地转移劳动密集型产业;第二阶段(20世纪60—80年代),日本、德国等发达国家向东南亚、拉美等发展中国家转移劳动密集型产业;第三阶段(20世纪90年代以来),美国、日本及欧盟发达国家集中发展知识密集型产业和服务业,而将重化工业和制造业大量向中国等发展中国家转移。美国、加拿大和欧盟等经济体的产业转移过程主要受市场因素驱动,如制造业企业倾向于离开过度集中的地区,转而搬迁至潜在的工业核心区。日本、韩国和中国的大都市疏解经验则很大程度上受到区域政策的影响。近年来,国内学者研究集中在国内不同区域间产业转移。从研究内容看,大部分实证研究围绕欠发达地区承接产业转移的综合潜力展开,普遍存在忽视迁入地生态环境约束的情况[70];从研究对象看,"长三角"和"珠三角"城市群及其周边欠发达地区是关注热点。一些学者对京津冀协同发展产业转移问题也展开了相关研究。如，祝尔娟[71]、孙虎等[72]、张子麟等[73]、母爱英等[74]从京津冀地区产业分工现状进行产业转移的研究；金浩等[75]、戴宏伟[76]、田学斌等[77]、刘安国等[78]对京津冀产业转移与承接进行了研究；魏后凯[79]、肖金成等[80]、武义青等[81]、母爱英等[82]对京津冀产业协同发展的对策进行了研究。

1.2.3 城市功能定位与产业发展研究现状

从社会发展进程来看，产业结构的演进遵循由低级向高级发展的规律。在产业的布局方面则遵循一定的经济理论、地域分工理论中的方法和原则。国外的研究多针对城市新建区域的产业发展，伴随着城市建设运动的始终。为了能够使三代新城理论完美地过渡到实践层面，政府乃至国家都采取了优惠政策以促进第二产业和第三产业的空间流动，从而活跃新功能区产业的全面发展。国外对于城市新建设区域的空间研究更具有宏观性，从莱奇沃斯城到米尔顿凯恩斯城的建设过程中，主要研究的是布局与产业发展之间的协调作用。同心圆、扇形、多核心等这些经典布局模式，普遍应用于20世纪30年代以后的城市建设中，产生巨大的指导作用与影响深度。

对于具体的城市建设与产业规划主要从两个方面进行研究。一方面，基于城市地理学角度研究城市产业进程与建设进程两者之间的联系。如贝格针对高新产业的布局形态的研究，旨在发现大不列颠南部地区其产业的就业人口与北部地区之间的差异性研究。另一方面，国外学者则从城市设计学的角度对城市整体的空间形态进行探索，从城市空间结构形式以及土地利用等角度指导城市布局以及产业布局。国外对于城市建设中的产业发展研究侧重宏观层面，而对于具体设计层面的微观研究则相对薄弱。

关于城市功能定位的研究，国内学者经历了定性向定量转变的过程，随着研究的深入，很多学者将比较优势、区位商等理论引入城市功能定位研究。骆方金[83]首次提出城市功能发展的三大规律。随着研究深入，国内学者又进一步从不同的研究角度，运用多种方法对城市功能定位及其影响因素进行分析。朱才斌[84]用交通流量法确定城市与外部区域的联系，对城市功能进行定位。石正方[85]强调指出产业结构在确定城市功能的过程中起到了决定作用。张复明[86]提出城市定位要找准城市自身的特色和优势并将其转化成为城市发展的经济与产业优势，从而有效提升城市竞争能力。牛岩[87]认为城市功能建设以及城市经济功能的确立要依据产业发展的实际状况。黄美均[88]认为城市定位包括城市位置、性质、产业、发展潜力等多方面定位，它们之间相互影响、相互作用。仇保兴[89]认为传统的定位理论已经不适应日益变化的激烈的市场竞争，要运用城市核心竞争力的方法来进行城市功能定位。

以上分析可以得出，关于城市功能定位的研究，国内外学者尽管在定义、内涵方面有不同见解，但都十分关注城市功能定位的理论及定位方法。因此，采用新的方法，创建新的理论重构城市功能定位与产业协同发展是未来研究的重点及趋势。

1.2.4 资源环境承载力约束下的产业转移研究现状

产业发展一直是学者们关注的热点领域。随着工业化进程的推进，生产力水平不断提高，环境资源的供给和废物接受能力逐渐下降，生态环境和自然资源成为经济发展重要的内生变量和刚性约束条件。

Daly[90]认为人类的发展要依托资源，他主张在尽可能降低生产过程中资源消耗的同时，大力发展资源利用率高且环境污染少的产业，以对产业结构进行优化。Miller等[91]借由投入产出法分析了行业中能源资源的使用量及各种污染物的排放量，进而探讨了产业发展状况，并得出产业结构调整的对策建议。Hirschman[92]考虑到资源的稀缺性和不均衡性等特点，认为产业部门的发展应以自身的资源优势为依托，充分利用有限的资源，将它们投放到经济效益更高、资源消耗更少、环境污染更小的产业中，使资源得到更有效配置。多数学者认为，城市密集区空气质量的变化与该地区产业的规模化集聚有很强相关性[93]。但也有学者提出了不同的观点，认为城市生态环境的恶化并不是产业集聚本身造成的，而是由粗放型的生产方式等原因造成的，如果采取严格的环境管制，产业的集聚能够减轻污染天堂的效应[94]。

国内研究学者对资源环境承载力约束下产业发展也开展了系列的研究工作。陈国阶[95]通过对自然资源和产业结构的演进分析，总结出我国建立资源节约型产业体系的途径。王辅信等[96]主张将资源节约和环境保护放到重要的位置上，提高资源利用率与转化率，从而完善产业体系，促进资源、环境与产业结构间的协调发展。张晓东等[97]构建了产业结构合理性评判模型，对北京市怀柔地区的资源、环境与产业结构相关关系进行了合理性评判。陆净岚[98]由结构性污染入手在资源有限的约束条件下，构建了保证经济发展的同时不对环境造成破坏的资源配置模型。阎同生[99]对河北省自然及社会资源现状进行定性分析，进而找出其产业结构调整中的问题及对策。黄晓莉[100]由产业结构演进理论着手，结合资源禀赋条件对浙江省的工业结构优化做出了合理的战略选择。周建安[101]提出用集约式资源消耗方式推进经济的可持续发展。高顺岳[102]采用了实证调查，定量及定性分析对温州市产业特征进行深入分析，探索实现结构优化与资源高效配置的新路径。

国内外研究进展和方向的小结与启示：

（1）现有关于资源环境承载力研究存在以下不足：首先，研究思路：简单将地球承载力思路应用到城市领域，没有考虑到城市系统与地球的差异，导致对城市承载力命题真伪的争论；研究对象：单要素承载力研究较多，综合资源环境承载力内涵缺乏共识，影响因素和影响机理研究不够深入；评价方法：各种评价方法对城市系统的开放性、动态性、因素互动性等考虑不足。鉴于此，本书利用实地调研、深度访谈等方式构建科学的资源环境承载力评价指标体系，并在此基础上运用模型对京津冀地区资源环境承载力进行分析研究。

(2) 产业转移是一个多主体（涉及产业、企业和政府）、多空间（涉及经济空间和地理空间）、多学科属性（经济学、地理学、环境学等）的复杂经济现象，研究难度比较高。目前研究虽然取得了较多成果，但仍然存在着产业转移概念不统一；动因、模式研究不够深入；实证研究较欠缺等不足。迫切需要在以下几个方面进行详细、深入研究：①产业转移概念内涵界定和产业转移分类；②区域产业发展与产业转移的关系，产业转移与产业升级的关系，产业转移的动因与实质；③进一步深化研究产业转移的模式；④产业转移的障碍、风险；⑤产业转移中的企业行为；⑥产业转移中的政府行为及相关政策支持体系。

(3) 现有的对产业结构领域的研究中，关于产业结构对资源的影响、产业结构与经济增长关系的研究较多，而将资源环境作为约束条件来探讨产业结构优化的研究则较少，将"资源环境—产业结构"作为整体系统的研究明显不足。本书从产业资源优化层面，运用多维度资源环境承载力产业结构优化模型和产业结构分析模型，分析得出三次产业调整战略及具体产业发展方向，其研究成果对统筹京津冀区域协调发展、平衡区域发展需求，具有重大的现实意义。

(4) 随着经济的快速发展，资源匮乏、能源紧缺、环境污染等问题已引起全球的高度重视，因此，探索资源环境双重约束下的产业结构优化途径，协调发展"资源—环境—经济"系统，成为一个国家或地区亟待解决的重大课题。资源环境承载力约束下的产业转移路径对各省及区域经济协调发展影响深远。本书从产业资源优化层面，结合城市功能定位探讨资源环境约束下京津冀地区产业转移路径的问题。不仅探讨了资源环境约束下产业转移对京津冀协同发展的作用机理。与此同时，借鉴国内外产业转移的成功经验，提出京津冀产业转移相应的对策和措施。

1.3 研究内容与创新点

1.3.1 研究内容

根据研究背景、研究意义的要求，本书研究的主要任务是：分析京津冀资源环境承载力及产业现状；建立多维度资源环境承载力约束下产业结构优化模型；京津冀城市群多层级空间识别；提出资源环境约束下京津冀产业转移路径。主要研究内容如下：

1.3.1.1 京津冀产业现状及资源环境承载力分析

该部分的研究主要包括以下三方面：

（1）京津冀产业发展现状分析。主要考察京津冀产业结构的发展现状，并通过分析现状总结京津冀产业发展特征以及存在的问题。首先，分析了京津冀三地的 GDP（2010—2019 年）；其次，分析了京津冀产业结构（包括三次产业构成和工业化发展阶段）；再次，分析京津冀三地投资状况（从利用外资、固定资产投资两方面进行分析）；最后，对比分析了京津冀三地的科研教育情况。

（2）京津冀资源环境承载力现状分析。对资源环境承载力分析主要从两个方面入手，即资源承载力和环境承载力。其中资源承载力主要分析：矿产资源承载力、土地资源承载力、水资源承载力等；关于环境承载力主要分析：大气环境、水环境、土壤环境等。

（3）京津冀资源环境承载力与产业结构非协调性及其成因。本部分主要分析京津冀资源环境承载力与产业发展的矛盾即非协调性，结合三地市的水资源、土地资源、能源、生态环境的损耗情况，从自然、环境、社会三方面分析产生非协调的成因。

1.3.1.2 资源环境承载力约束下的京津冀产业结构评价

在科学界定基于资源环境承载力的区域产业结构优化内涵的基础上，结合京津冀地区实际情况，并借鉴已有研究成果和调研数据，依据系统论的原理，建立基于经济效益、资源效率、资源承载力三者的相互协调和平衡的指标体系。运用定量方法建立三次产业中主要行业与资源环境供需值、资源环境产值、产业效益（RPE）多维度耦合的资源环境承载力——产业结构评价模型，并利用主成分分析法对模型进行相应的测算，定量分析判断资源环境承载力——产业结构模型的合理性，通过实证分析得出资源环境约束下京津冀产业发展布局战略。

1.3.1.3 京津冀区域各城市多层级空间结构研究

运用新经济地理学的市场潜力模型，计算了京津冀各城市的综合市场潜力、市场潜力贡献份额及市场潜力差距，分析得出京津冀各城市市场潜力空间格局；而后基于空间生产理论，构建了"区域主体间的战略互动"的解析视角，对北京与河北地区的战略互动解析，同时分析北京与周边产生差异化的原因；结合京津冀产业布局战略、京津冀各城市市场潜力空间格局、空间生产解析结果，分析得出京津冀各城市产业发展战略。

1.3.1.4 基于城市功能定位的京津冀产业转移路径研究

通过产业区位商模型，分析得出各地主导优势产业，并对京津冀三地工业领域40个细分行业区位商进行了测算，得出京津冀三地的主导工业产业，并结合京津冀区域发展目标和定位、京津冀各城市的自身优势、产业转移现状、产业转移中存在的问题，从可行性角度分析得出资源环境约束条件京津冀产业转移路径及产业转移中应采取的策略措施。

1.3.2 研究方法

本书立足于理论，从资源环境承载力约束下产业转移路径的具体问题出发，采用定量与定性相结合的方法开展研究。

其中定量研究部分主要有市场潜力模型、区位商模型、主成分分析法等。

本书运用到定性研究方法的部分，主要是资源环境约束下京津冀产业结构优化。定量评价中，资源环境承载力评价指标体系选取和权重的确定。研究方法将采取文献资料调研法、深度访谈法等质性研究方法。

文献资料调研法：主要在 Web of Science、CNKI、各类新闻网站、书籍中，基于多维视角寻找关于资源环境承载力等主题的学术论文、评论、新闻、政策等，较为感性地了解资源环境承载力评价的选取、权重的确定及评价方法。

深度访谈法：深度访谈法是西方社会科学"质性研究（Qualitative Research）"中最重要的一种调查方式。质性研究是以研究者本人作为研究工具，在自然情境下采用多种资料收集方法对社会现象进行整体性探究，使用归纳法分析资料和形成理论，通过与研究对象互动对其行为和意义建构获得解释性理解的一种活动。深度访谈方法是一种研究性交谈，是研究者通过有目的提问方式，从被研究者那里收集、建构第一手资料并作为观点证据的研究方法。

首先，确定调查对象。接受访谈的调查对象为政府工作人员、资深规划师、企业高管、原住居民、相关专业的著名学者等，每次访谈时间持续15－120分钟不等。具体步骤为：①访谈者与被访谈者取得联系后，确定调研时间；②访谈者在确定的调研时间内对被访谈者进行深度访谈；③访谈者整理访谈内容，并向被访谈者致谢。

其次，整理访谈内容。分析方法步骤如下：初步浏览访谈内容，对原始资料进行开放式编码。具体方法：①对原始资料进行筛选和整理，在原始资料中找出能够反映北京、天津与周边区域资源环境承载力评价指标、评价方法、权重确定等相关信息，并做出明确的标记；②进行轴心式编码，着重于发现和建立类别之间的各种联系；③选择式编码，是在浏览资料和开放式或轴心式编码工作的基础上，有选择地查找那些能够说明主题的个案，并对资料进行比较和对照；④进行最后的筛选和整合。

该部分定性研究也将采用大量的微观数据、调研数据对分析得出的观点进行佐证。

1.3.3 技术路线

```
研究分类              研究内容              研究方法
```

问题提出：资源环境承载力与产业结构失衡 / 城市功能定位与产业布局不协调 / 京津冀协同发展是国家战略 —— 相关文献综述

资源环境承载力约束下京津冀产业转移路径研究

实证研究：
- 京津冀资源环境承载力与产业结构现状分析 → 资源环境承载力约束下的京津冀产业结构评价 → 京津冀区域各城市多层级空间结构研究
- 深入分析京津冀区域发展中资源环境承载力现状、产业结构现状及非协调性成因 / 利用系统论，建立资源环境承载力——产业结构多维度耦合模型，分析得出三次产业调整战略方向 / 通过新经济地理学方法和空间生产理论，对京津冀三地进行空间识别
- 利用资料收集、数据统计、文献调研等方法总结京津冀资源环境承载力现状、产业结构现状及二者之间的矛盾 / 利用主成分分析法、信息熵对模型进行分析计算 / 利用市场潜力模型、空间生产理论、中心外围地理论对京津冀三地进行空间定位

统计分析 实地调研 深度访谈 质性研究

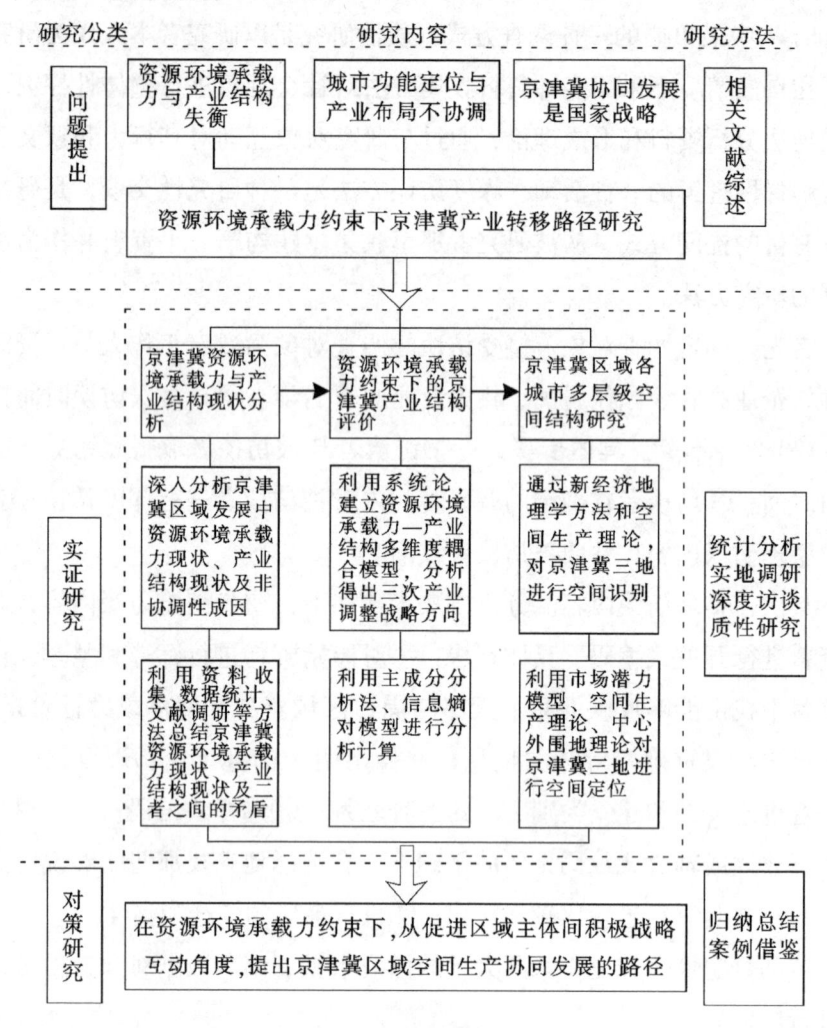

对策研究：在资源环境承载力约束下，从促进区域主体间积极战略互动角度，提出京津冀区域空间生产协同发展的路径 —— 归纳总结 案例借鉴

图1.2 技术路线图

1.3.4 创新点

1.3.4.1 研究视角创新

（1）现有文献对资源环境承载力的研究中，将资源与环境相结合的研究虽不少见，但研究方法不够全面，缺少主导的评价模型。基于此，本书构建了资源环境承载力——产业结构多维度耦合模型，为资源约束下京津冀产业发展提供科学依据。

（2）针对产业转移的研究中缺乏对承接产业转移的模式、平台建设和转移路径方面的研究，本书结合空间理论，对京津冀各城市进行空间定位，进而提出资源环境承载力约束下产业转移路径和产业转移中应采取的策略措施，研究视角相对全面。

1.3.4.2 研究思路创新

本书针对目前京津冀协同发展过程中产业结构与资源环境承载力存在的矛盾，首先在分析京津冀资源环境承载力与产业结构现状的基础上，总结资源环境承载力与产业结构非协调性及其成因。然后运用多维度资源环境承载力——产业结构优化耦合模型，分析得出三次产业调整战略及具体产业发展方向，最后结合城市功能定位，得出资源环境约束下的产业转移路径。形成量化追踪与机理探索相结合、政策建议与可行性分析相结合的分析模式，确保研究体系的严谨性和科学性，对同类科学研究具有重要参考价值。

1.3.4.3 研究内容创新

（1）通过数据统计和调研分析，在分析京津冀地区资源环境承载力和产业结构非协调性成因的基础上，建立科学、合理的资源环境和产业结构相结合的评价指标体系，运用多维度资源环境承载力产业结构优化模型和产业结构分析模型，得出三次产业发展调整战略及具体产业发展方向。

（2）结合城市功能定位，提出资源环境约束下的产业转移路径。

（3）从产业转移层面提出京津冀产业转移中应采取的策略措施。

1.3.4.4 研究方法创新

本书运用定性分析、定量分析和模型建构等手段。在定量研究上，通过数据统计和调研分析，建立科学、合理的资源环境和产业结构相结合的评价指标体系。在模型建构上，将多种数理模型综合运用到评价中，总结出资源环境承载力与产业结构相结合的主导模型。在定性研究上，将实地调研、深度访谈等质性研究方法运用到宏观区域产业发展研究中，这为资源环境承载力约束下依托城市功能定位的产业转移研究提供了更准确的线索，得出的结论也将更具有科学性。

2 相关概念及理论

2.1 相关概念

2.1.1 资源环境约束

自然资源与环境相互交织、密不可分，自然资源是环境构成要素，环境也是自然资源的一种。自然资源总是以某种形态寓于特定的环境之中，并充当着环境的载体和质能交换的媒介。而当环境的某个因素（如土壤环境、水、生物群落、森林生态环境、海洋等）为人类所使用时，它们同时也成了一种资源（如土地资源、水资源、生物资源、森林资源、矿产资源等）。因此认为，自然资源与环境其实是一个事物的两面，只不过资源的概念强调开发利用性（经济性），而环境的概念强调整体性和生态联系性[103]，因此本书将资源和环境合为一体来研究。

约束理论的基本理念是：限制系统实现目标的因素并不是系统的全部资源，而仅仅是其中某些被称之为"瓶颈"的个别资源。该理论认为，系统中的每一个环节都是相互作用、相互联系的，并不是孤立存在的，在一个组织的内部由于其行为的实施而使自身与外界发生变化，尽管有许多相互关联的原因，但其中总有一个最关键的因子对全局有重大影响，进而制约了系统的实施和影响最终的效果，这个关键因子就造成了系统组织的一种约束。但这种约束的概念并不都是绝对性的，有其相对性。关于资源与环境约束的理解，因其标准不同，约束类型也就不同。

根据资源的特性划分，可分为经济性约束和生态性约束。资源的经济性约束是由于自然资源的数量有限，引起经济上的稀缺性，导致自然资源的供给量与经济社会发展的需求量不相一致，资源的供给满足不了经济上的需求，进而制约了经济发展。资源的生态性约束是指由于人类不合理的经济发展行为导致生态环境的破坏或恶化，加上生态破坏后具有不可逆属性，进而造成社会经济活动的需求超过了自然资源生态承载力范围，从而反过来造成对经济发展的阻碍。从约束产生的形式来看，可分为数量控制型约束和质量控制型约束。数量控制型约束是指由于资源短缺，对社会经济发展产生了供不应求的现象，从而阻碍了经济发展的速度与规模等；质量控制型约束是指由于自然资源丰裕，人类利用资源较为粗放浪费，引起产能过剩而形成低效率。总之，两种约束都会对社会经济质量带来影响与控制，造成经济发展不平衡，对发展形成制约。而质量型约束对经济发展的限制作用表现为短期经济增长速度较快，但长期增长将可能停滞或后退，从而形成了对经济体的结构约束。因此，破解这种约束的方式和方法也相应较为复杂。

2.1.2 协同发展

"协同"一词最早出现于20世纪70年代原联邦德国科学家Hermann创建的名为"协同论"的新兴学科[104]。该学科是一门综合性交叉学科，其研究对象是大量同时存在、相互作用的子系统之间如何通过不同层次、不同范围的协同合作产生相对高效稳定运转的空间结构和功能结构，从而形成一个在一定空间和时间范围内相对稳定的、在一定程度上能够脱离周边环境影响而独立运行的总体系统结构。虽然子系统的属性各不相同，但如果系统之间搭配得当、功能互补，总体系统的性能就会十分优越；如果系统之间有侵占资源或无法共享收益的情况，总体系统的运行效率就会变得低下，各子系统的部分功能也会发挥失常。

借鉴了"协同"概念的协同发展，是指不同地区、经济体、资源要素之间为了完成共同目标相互作用、相互促进，以协作方式最终达到多赢的发展目标。当协同发展思想应用于区域内产业协同发展领域时，就应当将这个经济区域的经济运行视为空间巨型系统，各子区域内的各次产业为子系统，研究目标由此变为如何通过区域内产业协作的方法来促进区域经济稳定、高效、均衡发展。

产业协同发展的要义在于区域内产业在空间结构上合理分布、有序组织，在发展进程中实现要素、资源与技术共享，产业间相互带动，产业内合理分工。产业协同发展并不意味着简单要求京津冀区域内落后地区改善产业组织方式、扩大或缩减产业生产规模或机械提升产业技术水平，而是本着互利共赢的出发点，在基于对三省市的产业历史发展进程和现阶段状况充分了解的基础上，通过分析京津冀区域内产业发展现状和特点，结合北京、天津、河北三地的城市功能定位和产业发展需求，找到一条能够发挥三省市产业内在优势并逐步形成产业特色的合作发展道路。产业协同发展要求各地区在侧重发展各自优势产业的同时兼顾区域内产业的互补性和连贯性，从而使区域经济作为一个有机整体有序运转，在经济基础层面建立并强化三省市之间的联系，并由此激发京津冀区域内部的经济活力。

2.2 理论基础

2.2.1 资源配置理论

资源配置是指各类资源之间以及与其他经济要素之间的相互搭配组合关系，包括在时间、空间和产业等方面所做的结构安排。资源合理配置是经济活动必须解决的根本问题。根据社会经济发展与技术等条件，把资源要素进行合理组合，以充分利用资源，即时间上科学分配、空间上合理布局、产业间合理调整，使资源产出的总体效益最大化，满足日益增长的各种社会需要，这就是资源合理配置的基本目标。

资源配置有三种类型，一是资源要素结构的配置。在一定的社会技术条件下，资源的开发利用存在报酬递减的规律，因此确定资源与其他要素的最佳组合比例，必须考虑资源开发利用的边际成本和边际收益的关系，才能有利于提高资源利用效益。随着资源利用规模和利用集约度的提高，资源利用的边际报酬递减通常在新产量水平下才发生，所以确定资源利用的最佳投入比例和最佳规模是要素结构配置的主要内容。此外资源多用途配置体现在资源的开发利用结构优化[105]。如果资源开发利用结构发生变化，产业功能和效益也会发生变化。因此，通过合理地调整资源开发利用的产业结构，可以改进其产出功能和效益，更好地满足社会需要，这是结构效益的一种表现形式。二是资源空间结构的配置。也就是根据资源禀赋的分布状况结合社会经济发展对资源的需求，调整资源的空间分布状况，选择最佳的空间布局，从而提高资源开发利用的整体效益。在一定的空间区域内任何资源的开发利用活动都要受到当地自然、社会、经济和技术等因素的综合影响。不同地区的自然资源具有的适宜性特点要做到因地制宜。资源的利用效率还因区域经济发展条件的空间差异而有所变化。对于环境这种特殊资源，资源的空间配置还要考虑跨界污染问题、资源环境与贸易以及国际环境政策调整等问题。三是资源开发利用的时间配置，即对现在和未来的权衡。

资源配置还指调节资源使用的数量、规模、结构、布局等方面的经济机制，它是经济体制的一项重要内容。通常解决资源配置的途径从市场配置和政府配置两方面着手。市场对资源配置起基础性作用，通过市场价格和供求关系变化，以及经济主体之间的竞争，协调生产和需求之间的联系和生产要素的流动与分配，从而实现资源配置的一套系统。政府配置完全不同于市场调节，在完全政府行政配置中，资源配置的决策权力高度集中，物品和劳务的供求信息是自上而下然后再自下而上的纵向流动。但由于市场配置机制和政府配置机制均有不完善之处，所以资源配置中需通过政府适度参与，政府调控是当今世界各国合理配置资源的趋势。

2.2.2 可持续发展理论

可持续发展理论是指既满足当代人的需要，又不对后代人满足其需要的能力构成危害的发展。在具体内容方面，可持续发展涉及可持续经济、可持续生态和可持续社会三方面的协调统一，要求人类在发展中讲究经济效率、关注生态和谐和追求社会公平，最终达到人的全面发展。这表明，可持续发展虽然缘起于环境保护问题，但作为一个指导人类走向21世纪的发展理论，它已经超越了单纯的环境保护。将环境问题与发展问题有机地结合起来，已经成为一个有关社会经济发展的全面性战略。具体地说：

2.2.2.1 在经济可持续发展方面

可持续发展鼓励经济增长而不是以环境保护为名取消经济增长，因为经济发展是国家实力和社会财富的基础。但可持续发展不仅重视经济增长的数量，更追求经济发展的质量。可持续发展要求改变传统的以"高投入、高消耗、高污染"为特征的生产模式和消费模式，实施清洁生产和文明消费，以提高经济活动中的效益、节约资源和减少废物。可以说集约型的经济增长方式就是可持续发展在经济方面的体现。

2.2.2.2 在生态可持续发展方面

可持续发展要求经济建设和社会发展要与自然承载能力相协调。发展的同时必须保护和改善地球生态环境，保证以可持续的方式使用自然资源和环境成本，使人类的发展控制在地球承载能力之内。因此，可持续发展强调了发展是有限制的，没有限制就没有发展的持续。生态可持续发展同样强调环境保护，但不同于以往将环境保护与社会发展对立的做法，可持续发展要求通过转变发展模式，从人类发展的源头根本上解决环境问题。

2.2.2.3 在社会可持续发展方面

可持续发展强调社会公平是环境保护得以实现的机制和目标。可持续发展指出世界各国的发展阶段可以不同，发展的具体目标也各不相同，但发展的本质应包括改善人类生活质量，提高人类健康水平，创造一个保障人们平等、自由、教育、人权和免受暴力的社会环境。这就是说，在人类可持续发展系统中，经济可持续是基础，生态可持续是条件，社会可持续才是目的。下世纪人类应该共同追求的是以人为本位的自然—经济—社会复合系统的持续、稳定、健康发展。

作为一个具有强大综合性和交叉性的研究领域，可持续发展涉及众多的学科，可以有不同重点的展开。例如，生态学家着重从自然方面把握可持续发展，理解可持续发展是不超越环境系统更新能力的人类社会的发展；经济学家着重从经济方面把握可持续发展，理解可持续发展是在保持自然资源质量和其持久供应能力的前提下，使经济增长的净利益增加到最大限度；社会学家从社会角度把握可持续发展，理解可持续发展是在不超出维持生态系统涵容能力的情况下，尽可能地改善人类的生活品质；科技工作者则更多地从技术角度把握可持续发展，把可持续发展理解为是建立极少产生废料和污染物的绿色工艺或技术系统。

2.2.3 城市空间演变理论

城市空间是城市赖以生存和发展的容器和场所，城市空间结构的合理与否决定了城市生产的效率与城市发展的趋势，基于此，从20世纪初开始，国外学者针对城市空间做了大量的研究与探索，积累了丰富的理论成果。城市空间的演变不仅包含城市的物质属性，还包含社会属性、经济属性、生态属性、文化属性等等。因此哲学家、地理学家、生态学家、规划学者等多学科从多角度对城市空间进行了深入的研究，对他们的研究成果的分类梳理，有助于全面了解城市空间演变的影响因素，为城市空间优化的研究奠定良好的理论基石。

2.2.3.1 规划学家的主张

城市规划学在某种意义上来说就是一种空间地域规划，这种规划亦称实体环境规划。百余年来，规划学者们从城市物质空间形态入手，积累出了丰富的空间规划理论。

（1）城市空间结构研究的理论溯源。国外学者早在20世纪初期就开始了城市空间结构的思索与研究，主要可以从城市分散主义和城市集中主义两个方面进行探讨。城市空间集聚论的典型代表是20世纪伟大的建筑规划大师Corbusier，他主张城市应当向高空发展，通过建造高层摩天大楼的方式来增加城市中心的建筑密度和人口密度[106]。

分散主义理论恰恰相反，主张采取在城市外围建设若干个相同等级规模的城市组成城市群；或是在中心城市外围建设若干可以分担中心城市人口与功能的新城或卫星城。这些分散主义的发展思想虽然在实践当中暴露出许多缺陷和不足，但同时也为解决城市问题提供了值得思考的方法路径。

（2）城市空间结构研究的理论深化。沙里宁（Saarinen）的有机疏散。针对大城市在集中发展过程中出现的人口爆炸、交通拥堵、空气污染、住房紧张等弊病，Saarinen在《城市：它的发展，衰败和未来》一书中提出了对大城市空间进行"有机疏散"的思想，通过外科手术的方式，将不适宜在城市衰败地区发展的城市功能剔除出来，按照预定的计划，转移到更适合它们发展的地方去，将原先大块密集得不到保护的、紧密的城区转变成松散的、能得到保护的社区单元，使得衰败的地区重新恢复生机和活力[107]。Saarinen的有机疏散思想进步性就在于他主张的分散并不是一味地、完全地分散，而只是将有问题的过度集聚通过分散的方法加以解决[107]。

新城市主义的主张。二战之后，郊区过度蔓延的发展模式造成建筑形式千篇一律，大都市地区边缘的农业用地和自然开敞空间被吞噬，加剧能源消耗和空气污染等一系列问题，于是以Calthorpe为首的相关学者提出了新城市主义的规划思想[108]：主张为步行交通、公共交通和小汽车交通创造公平的环境，而不是迎合小汽车的发展需要；倡导土地的复合利用，而不是建立单纯的居住社区；倡导不同阶层社会的融合，而不是贫富、种族在空间上的隔离；倡导用紧凑高密度发展模式代替分散蔓延式的空间拓展模式，来应对城市蔓延所产生的种种问题。

城市精明增长理念。2000年，美国规划协会联合60家公共团体组成了"美国精明增长联盟"（Smart Growth America），确定精明增长的核心内容是：用足城市存量空间，减少盲目扩张；加强对现有社区的重建，重新开发废弃、污染工业用地，以节约基础设施和公共服务成本；城市建设相对集中，空间紧凑，混合用地功能，鼓励乘坐公共交通工具和步行，保护开放空间和创造舒适的环境，通过鼓励、限制和保护措施，实现经济、环境和社会的协调。

2.2.3.2 哲学家的思考

与规划学者从城市实体角度入手不同,哲学家们大都从社会的角度提出了自己的主张和看法,强调了社会变迁和权力博弈这些看不见的手对城市空间演化的影响。

(1) 列菲伏尔（Lefebvre）的空间生产论。Lefebvre 指出空间生产不是指在空间内部的物质生产,而是指空间本身的生产。也就是说,空间自身直接和生产相关,生产,是将空间作为对象,即是说,空间中的生产（production in space）现在转变为空间生产（production of space）[109]。Lefebvre 认为空间是具有社会性的,空间里弥漫着社会关系,它不仅被社会关系支持,也生产社会关系和被社会关系所生产。因此,Lefebvre 断言,"（社会）空间就是（社会）产品"。在 Lefebvre 看来,空间的生产就是空间被开发、设计、使用和改造的全过程。

(2) 哈维（Molotch）的城市增长机器。Molotch 直接将资本主义的经济发展同对空间和实践的改造联系起来。Molotch 认为,地方官员发展经济的强烈动机和基于土地的经济精英聚敛财富的动机主导着城市政治的发展方向,并因此在城市发展中形成了政治精英和经济精英的联盟,而联盟形成后的城市行政体系则被比喻为一架"增长机器"。联盟或者合作关系的形式被看作是政府获得行动能力的主要方式[110]。

2.2.3.3 地理学家的构想

城市空间发展最终需投影到地域层面,城市的地域状态和分布规律将会对城市空间的演变产生显著的影响。于是,地理学家们从点—线—面入手,将城市空间的研究推向了一个新高度。

(1) 增长极理论（不平衡发展）。增长极概念最初是由法国经济地理学家佩鲁（Perroux）提出来的,他认为,增长并非出现在所有地方,而是以不同强度首先出现在一些增长点或增长极上,这些增长点或增长极通过不同的渠道向外扩散,对整个经济产生不同的最终影响[111]。

(2) 核心－边缘理论。20 世纪 60 年代著名的城市地理与规划学家弗里德曼（Friedmann）提出了核心-边缘理论。他认为，发展可以看作一种由基本创新群最终汇成大规模创新系统的不连续积累过程，而迅速发展的大城市系统，通常具备有利于创新活动的条件[112]。创新往往是从大城市向外围地区进行扩散的，在核心区不断扩展的过程中，边缘地区的实力也得以增强，导致新的核心区在外围出现，最终形成网络状的理想化城市空间结构。

（3）中心地理论（市场区位论）。中心地理论又称为市场区位论，是由德国城市地理学家克里斯塔勒（Christaller）于20世纪30年代提出的。Christaller认为，中心地是向周围地区居民提供各种货物和服务的地方。中心商品是在中心地生产，提供给中心地及周围地区居民消费的商品。中心地职能是指中心地具有向周围地区提供中心商品的职能[113]。有三个条件或原则支配中心地体系的形成，它们是市场原则、交通原则和行政原则。在不同的原则影响下，中心地网络呈现不同的结构，而且中心地和市场区大小的等级顺序也都有着严格的规定。

2.2.4 产业生态学理论

产业生态思想的产生或起源主要是自然生态系统的不和谐、不持续形态出现，由此引发理论上的大讨论。自然生态系统作为一个有机整体，与生物和非生物的环境因素之间相互交织、相互作用、相互联系，不断地进行着物质交换和能量流动。自然生态系统是一个能够自我恢复的高循环系统，能够把废物减少到最低限度，尽量减少对系统的破坏。受到自然生态系统的启发，人们开始依据生态学、经济学和系统科学等基本原理和方法来指导产业生态活动，并以资源节约、环境保护和提高物质综合利用为特征，逐渐形成了一种新的产业发展模式，由此产业生态理论及其研究开始处于萌芽阶段。产业生态化主题思想是要求减量化、再利用与再循环，最大限度地提高资源使用率，减少污染物的排放，以保护环境为准则，提倡可持续发展模式。1989年，Frosch和Gallopoulos首次提出"产业生态系统"概念[114]。"产业生态系统"指出传统的工业活动应该遵循物质循环再生原理，由单一封闭的产业系统向产业生态系统转换，注重协调与平衡原理、系统学与工程学原理等生态系统原理。到20世纪90年代，首届"产业生态学"论坛召开，由美国国家科学院与贝尔实验室共同组织。这次论坛的成果基本形成了产业生态学的概念框架。后来出现了"生态工业园"的概念，即在一园区内，各企业通过合作互助，以使资源得到最优化利用，特别是废物的循环再利用。Erkman（1999）从产业生态角度分析产业结构调整，强度要与自然生态系统相协调为目的[115]。国际电力与电子工程研究所（IEEE）系统研究了产业生态学基本理论，认为产业生态系统包含产业系统、经济系统以及自然系统，产业系统要依据生态系统的有机循环机理，不可超越生态阈值。王如松等[116]较早研究国外产业生态学的研究进展，并以此为研究基础，结合我国的国情，探讨分析了产业生态学的理论框架与主要方法。邓伟根等[117]也进一步研究了该理论，认为产业生态协调理念符合科学发展观的根本宗旨，其研究观点较有代表性。提出产业结构的调整乃至产业组织的调整都要与自然生态系统充分交融，这一观点恰恰形成了改变目前粗放型经济增长模式的根本路径。

产业生态学按照自然共生系统的运作模式，规划建立企业、行业共生体系。该理论强调尽可能实现产业系统内部物质的闭环循环，建立产业体系中不同产业流程和不同行业之间的横向共生和资源共享，为每一个生产企业的废弃物找到下游的分解者，通过最大限度打通内部物质的循环路径，建立共生体内部物质循环的链条，实现资源节约、经济效益和环境保护的共赢[118]。产业生态学理论指出产业空间布局通过各产业部门的集聚，实现物质、能量及信息的集成，优化产业活动物质循环过程，达到物质和能量高效利用，同时产业经济系统与自然生态系统间的协同运作、共同进化，提高了资源效率，减少废物产生，消除环境破坏，可以实现经济、社会和生态效益的可持续发展[119]。

2.2.5 循环经济理论

循环经济实质上是生态经济，循环经济的思想开始萌发在1960年左右，最早来源于美国经济学家 Boulding 对传统工业采取的"开环"范式提出了批评，在此基础上提出了"宇宙飞船理论"[120]。他主张建立既不会使资源枯竭又不会造成环境污染和生态破坏，可以循环使用各种资源的"循环式经济"，以替代过去单向线性式的经济状态，由此产生了循环经济。随后 1990 年英国环境经济学家 Pearce 和 Turner 首次在其《自然资源和环境经济学》一书中使用了"循环经济（Circular Economy）"这一词语[121]。循环经济倡导在物质不断循环利用的基础上发展经济，建立"资源→产品→废弃物→再生资源（或最终处理）再生产品"的新经济模式，其宗旨就是保护日益稀缺的环境资源，提高环境资源的配置效率，以实现资源的循环利用和环境保护，彻底改变传统"资源→产品→废弃物"的线性经济模式[122]。

循环经济的成功建立与实施依赖于 3R 原则，即减量化（Reducing）、再利用（Reusing）和资源化（Recycling），其中的每一原则对循环经济的成功实施均必不可少。减量化（Reduce）原则属于输入端控制方法，基本目的是减少进入生产和消费过程的物质和能量流，节省对资源的利用；再利用（Reuse）原则属于过程控制方法，目的是延长产品服务的时间强度；再循环（Recycle）原则属于输出端控制方法，通过把废物再次加工变成资源加以利用而达到减少最终处理量，即废品回收利用和废物综合利用[123]。

3 京津冀产业结构及资源环境承载力状况分析

3.1 京津冀区域概况

京津冀是中国的"首都经济圈",包括北京市、天津市以及河北省的雄安新区、保定、唐山、廊坊、石家庄、秦皇岛、张家口、承德、沧州、邯郸、邢台、衡水等12个地级市。其中北京、天津、雄安新区、保定、廊坊为中部核心功能区。

京津冀地缘相接、人缘相亲、地域一体、文化一脉,历史渊源深厚、交往半径相宜,完全能够相互融合、协同发展。京津冀位于东北亚中国地区环渤海心脏地带,是中国北方经济规模最大、最具活力的地区,越来越引起中国乃至整个世界的瞩目。2019年,京津冀三地生产总值合计84605.12亿元,占全国的8.5%。2017年4月,中共中央、国务院决定设立河北雄安新区,涉及保定市下辖的雄县、容城、安新3县及周边部分区域。京津冀是继长江三角洲城市群和珠江三角洲城市群之后的中国第三大经济增长极。然而,相较于另两个经济增长极,京津冀城市群的区域经济协调程度较低,城乡区域差距较大,在空间上呈现"双中心,两端化"的形态。

3.1.1 北京概况

北京,简称"京",位于华北平原西北边缘,毗邻渤海湾,背靠燕山,上靠辽东半岛,下临山东半岛,东南和天津市相接,市中心位于北纬39°,东经116°,全市面积1.641万平方千米,截至2019年底,北京市常住人口

2189万人。北京西部为西山属太行山脉；北部和东北部为军都山属燕山山脉。最高的山峰为京西门头沟区的东灵山，海拔2303米。最低的地面为通州区东南边界。两山在南口关沟相交，形成一个向东南展开的半圆形大山弯，人们称之为"北京弯"，它所围绕的小平原即为北京小平原。诚如古人所言："幽州之地，左环沧海，右拥太行，北枕居庸，南襟河济，诚天府之国"。北京市山区面积10200平方千米，约占总面积的62%，平原区面积为6200平方千米，约占总面积的38%。北京的地形西北高，东南低。北京市平均海拔43.5米。北京平原的海拔高度在20—60米，山地一般海拔1000—1500米。北京是中华人民共和国首都、直辖市、国家中心城市、超大城市，全国政治中心、文化中心、国际交往中心、科技创新中心，是中国共产党中央委员会、中华人民共和国中央人民政府和全国人民代表大会、全国政协的办公所在地，中国人民解放军中部战区司令部驻地。

北京是首批国家历史文化名城和世界上拥有世界文化遗产数量最多的城市，3000多年的历史孕育了故宫、天坛、八达岭长城、颐和园等众多名胜古迹。早在70万年前，北京周口店地区就出现了原始人群部落"北京人"。公元前1045年，北京成为蓟、燕等诸侯国的都城。公元938年以来，北京先后成为辽陪都、金中都、元大都、明清国都。1949年10月1日成为中华人民共和国首都。

北京人均GDP超过15000美元，按照国际标准为上中等收入经济体。同时，2019北京的第三产业贡献率为87.8%，远高于河北省的51.3%以及全国平均水平的53.9%。当然，北京承载的功能远不止于此，事实上，北京吸附人力资源以及人口转移、就业的功能随着北京摊大饼式发展而日益显著，这也是造成北京人口规模快速膨胀、交通拥堵、空气恶劣、环境负载沉重的主要原因。2019年北京市常住人口为2189万人，高于东京都的1392万，大幅突破北京城市总体规划设定的2020年1800万人口发展目标。以2000年为基期，北京市2000年至2019年常住人口增速平均为

3.04%，人口增速远远高于全国平均水平。外省来京人员10年间年均增长率达到10.05%，外来人口在常住人口中的比重由2000年的18.8%升至2019年的34.6%，流动人口的大量增加，成为北京人口增长的主要因素。伴随人口的快速增长，北京的资源供求矛盾也愈益显现，2019年北京人均拥有水资源150立方米，只有全国平均水平的7.2%。

3.1.2 天津概况

天津，简称津，地处华北平原北部，东临渤海、北依燕山，位于东经116°43′至118°04′，北纬38°34′至40°15′。市中心位于东经117°10′，北纬39°10′。天津位于海河下游，地跨海河两岸，北南长189千米，西东宽117千米。陆界长1137千米，海岸线长153千米。天津地质构造复杂，大部分被新生代沉积物覆盖。地势以平原和洼地为主，北部有低山丘陵，海拔由北向南逐渐下降。北部最高，海拔1052米；东南部最低，海拔3.5米。全市最高峰：九山顶（海拔1078.5米）。地貌总轮廓为西北高而东南低。天津是北京通往东北、华东地区铁路的交通咽喉和远洋航运的港口，有"河海要冲"和"畿辅门户"之称。对内腹地辽阔，辐射华北、东北、西北13个省市自治区，对外面向东北亚，是中国北方最大的沿海开放城市。

天津自古因漕运而兴起，明永乐二年十一月二十一日（1404年12月23日）正式筑城，是中国古代唯一有确切建城时间记录的城市。历经600多年，造就了天津中西合璧、古今兼容的独特城市风貌。

2014年12月12日，位于天津市滨海新区的中国（天津）自由贸易试验区正式获得国家批准设立。2015年4月21日，中国（天津）自由贸易试验区正式挂牌。中国（天津）自由贸易试验区为中国北方第一个自贸区。

截至2019年末，天津市常住人口1561.83万人，社会消费品零售总额411649亿元，人均可支配收入4.24万元，高新技术企业达5004家。2019年中国百强城市排行榜排第8位。

天津是中华人民共和国直辖市、国家中心城市、中国北方经济中心、超大城市、环渤海地区经济中心、首批沿海开放城市，全国先进制造研发基地、北方国际航运核心区、金融创新运营示范区、改革开放先行区、中国北方国际物流中心、国际港口城市和生态城市、国际航运融资中心、中国中医药研发中心、亚太区域海洋仪器检测评价中心。天津是中国近代工业的发祥地，我国第一台电视、第一部电话、照相机、汽车发电机、手表均产自天津。天津工业底子雄厚，经过多年发展与选择，现在已形成航空航天、石油化工、装备制造、电子信息、生物医药、新能源、新材料、国防工业八大新兴支柱产业的格局。世界500强企业中已有150多家在天津设立了分公司和办事处。值得一提的是，天津是世界唯一兼有航空与航天两大产业的城市，目前除了空客320、330总装线选址天津外，新一代运载火箭、特种飞行器生产基地、直升机产业基地、无人机产业基地、机翼组装生产、航天器制造基地等均落户天津。石油化工领域的百万吨乙烯、千万吨炼油、渤海工业园、精细化工基地；冶金机械领域的天钢扩能、海鸥精密机械加工基地、滨海机电工业园、中国南车集团天津工业园、中国北车集团天津工业园、中船重工天津临港造修船基地；电子信息领域的电子加速器生产基地、蓝鲸海量存储项目、生物芯片研发基地；生物医药领域的金耀生物园、百特大输液增资扩能项目；新能源、新材料领域的京瓷太阳能新工厂、风电产业聚集地、大功率半导体照明产业基地、北疆发电厂等均入驻天津。

天津市著名本土工业企业有：渤海钢铁集团、渤海化工集团、天津一汽、天士力集团、天狮集团等。天津已定位于新兴产业、高科技产业和商贸流通和休闲娱乐型城市。近几年，天津以"北方经济中心"的目标建设和规划，天津在2010、2011、2012连续三年GDP增速领跑全国，2013年增速全国第二，2008年人均GDP只有47972元，小于北京的57431元，到2013年人均GDP超过十万元（101689元），全国第一。

3.1.3 河北省概况

河北省，简称"冀"，因位于黄河以北而得名。地处华北平原，东临渤海、内环京津，西为太行山，北为燕山，燕山以北为张北高原。河北下辖石家庄、唐山、秦皇岛、邯郸、邢台、保定、张家口、承德、沧州、廊坊、衡水等11个地级市和河北雄安新区，省会为石家庄。2019年，全省常住总人口7591.97万，总面积18.88万平方千米，是中国唯一兼有高原、山地、丘陵、盆地、平原、草原和海滨的省份，属温带季风气候。

河北是中华民族的发祥地之一，早在五千多年前，中华民族的三大始祖黄帝、炎帝和蚩尤就在河北由征战到融合，开创了中华文明史。春秋战国时期河北地属燕国和赵国，故有"燕赵大地"之称，汉代属幽州、冀州。唐代为河北道，宋代为河北路，元代为中书省，明清属直隶省。解放战争时期，河北西柏坡为中共中央临时所在地。河北省拥有的省级以上文物保护单位达930处，历史文物与陕西省并列全国第一，自然和人文景观资源总量居全国第2位。其中最著名的有避暑山庄、山海关长城、北戴河、清东陵和清西陵等，旅游资源丰富。河北地处中原地区，文化博大精深，是英雄辈出、人文浑厚的地方。2019年河北省高速公路总里程达到7476千米。唐山港、黄骅港、秦皇岛港均跻身亿吨大港行列。全省铁路、公路货物周转量居中国大陆首位。

河北省地表地貌多样，矿产蕴藏、海洋海涂等资源都比较丰富，而淡水资源相对不足，每年有100亿立方米的缺口，使地下漏斗区增多。全省地表面积共18.77万平方千米，耕地总面积651.7万公顷（6.52万平方千米），占地表总面积34.7%；有林地面积367.38万公顷（3.67万平方千米），森林覆盖率17%。境内矿种比较全，已发现的矿种共100多种，探明储量的有60多种，其中尤以铁矿石、石灰岩、煤、石油等为丰富，但由于河北产业结构以高耗能产业为主，能源消耗大于能源产出，自1984年始就变为能源调入省。

河北濒临渤海，全省大陆海岸线长度487千米，临海的海域中，有107个岛屿。渤海是中国最大的内海，整个海底为大陆架所封闭，埋藏着丰富的石油和天然气资源。沿海的生物资源比较丰富，浅海滩涂是晒制海盐、海水养殖的良好场所，海水化学资源，海底矿产及海洋能源都有待开发利用，海洋空间资源包括海港、旅游、储藏、通信等已在开发利用。

河北省产业结构以畜牧、蔬菜、果品为农业支柱产业；以钢铁、装备制造、石油化工、食品、医药、建材、纺织服装为七大主导产业。如河北在整合原有唐钢、邯钢、宣钢等资源的基础上，成立国内最大、全球第二的特大型钢铁集团——河北钢铁集团，总资产2638亿元，年产钢4024万吨，中国制造业500强第7位。唐山迁安在2004年开始又承接首钢入驻，加上首钢年产1219万吨钢铁，使钢铁产能远超5000万吨。医药行业缺乏自主知识产权的新型产品；纺织行业集中于低附加值产品；总的来说，河北省高新技术、新兴成长型产业、高端服务业发展都明显滞后；而信息产业存在信息资源规模小、范围窄、质量差、更新周期长、共享程度低等劣势。近些年，河北省加快产业结构调整进程，压缩两高一低产业规模，向电子信息、现代物流、旅游等新兴支柱产业发展。

3.2 京津冀三地产业发展状况

3.2.1 京津冀三地GDP分析

表3.1 京津冀三地GDP统计

地区	年份	2010	2011	2012	2013	2014	2015	2016	2017	2018	2019
北京	GDP（亿元）	14114	16252	17879	19501	21331	23015	25669	28000	30320	35371
	增速（%）	10.3	8.1	7.7	7.7	7.3	6.9	6.8	6.7	6.6	6.1
	人均GDP（元/人）	73856	81658	87475	94648	99995	106497	118198	128992	140211	164220
天津	GDP（亿元）	9109	11191	12885	14370	15722	16538	17885	18595	18810	14104
	增速（%）	17.4	16.4	13.8	12.5	10.0	9.4	9.0	3.6	3.6	4.8
	人均GDP（元/人）	72994	85213	93173	100105	105231	107960	115053	119441	120711	90371
河北	GDP（亿元）	20449	24585	26575	28443	29421	29806	31828	35964	36010	35104
	增速（%）	12.2	11.3	9.6	8.2	6.5	6.8	6.8	6.7	6.6	6.8
	人均GDP（元/人）	28668	33969	36585	38909	39984	40255	43062	47985	47889	46244

数据来源：根据北京市、天津市、河北省2010－2019年国民经济和社会发展统计公报整理得到。

近年来，北京、天津和河北的经济总量在不断增长，人均水平有较大的提升。从表3.1中可以看出，2010—2019年，北京、天津和河北三地GDP在总体上呈上升趋势。2010年，河北的GDP是分别是北京、天津的1.45倍和2.24倍，到了2019年，河北的GDP是和北京相差无几，是天津的2.49倍，但就人均GDP来说，河北却远远少于北京、天津。2010年北京、天津的人均GDP是河北的2.58倍和2.55倍，2019年北京的人均GDP是河北的3.55倍，河北的人均GDP与天津的差距有小幅度的降低，说明河北经济发展速度低于北京，略高于天津，同时从三地GDP增速看出，河北的GDP平均增速略高于北京、天津两地，京冀两地的GDP都呈现增长放缓的趋势，而2017年后天津的GDP增速缩小得比较快，京津冀三地的经济差距依然存在，北京的经济发展水平高于天津和河北省。

3.2.2 京津冀三地产业结构分析

从表3.2可以看出，在北京的经济结构中，第三产业占据主要优势，其占比由2010年的75.1%上升到2019年的83.5%，其占比整体上呈增加趋势，具有明显的高端化趋势。第一产业占比呈下降的趋势，由2010年的0.9%下降到2019年的0.3%，第二产业占比呈下降趋势，从2010年的24%下降到2019年的16.2%。通过分析可以看出，北京的第三产业在经济结构中占绝对优势，并且比重呈上升趋势，第一、二产业产值比重呈下降趋势，这也正体现了北京市的城市定位和产业定位，北京的产业结构在进一步优化，北京产业属于三产支撑型，呈现"三、二、一"型的产业结构。

根据表3.2可以看出，天津的第二产业和第三产业占主导地位，2010—2019年的地区生产总值中，第二三产业占比超过98%，第二产业和第三产业经济发展相对较为均衡。第二产业占比呈整体下降趋势，由2010年的53.1%下降到2019年的35.2%，年均下降1.79%。第三产业呈现持续平稳增长趋势，由2010年的45.3%增长到2019年的63.5%，年均增长1.82%。而第一产业在地区生产总值中占比缓慢下降，十年间下降了0.3

个百分比,年均下降0.03%。综合分析可以看出,天津的产业结构正在逐步优化,由以前的第二产业主导,到2015年转变为第三产业占比超过50%,2015年以前呈现"二、三、一"型产业结构,2015年以后逐步向"三、二、一"型产业结构转型,天津的产业整体呈现二产、三产共同发展的双产支撑型。

表3.2 2010—2019年京津冀三地产业构成

地区	年份	2010	2011	2012	2013	2014	2015	2016	2017	2018	2019
北京	GDP（亿元）	14114	16252	17879	19501	21331	23015	25669	28000	30320	35371
	第一产业	124	136	150	162	159	140	130	121	121	113
	第二产业	3388	3753	4059	4352	4546	4526	4774	5311	5640	5715
	第三产业	10601	12363	13670	14987	16626	18302	19995	22569	24559	29543
	一产占比（%）	0.9	0.8	0.8	0.8	0.7	0.6	0.5	0.4	0.4	0.3
	二产占比（%）	24.0	23.1	22.7	22.3	21.3	19.7	18.6	19.0	18.6	16.2
	三产占比（%）	75.1	76.1	76.5	76.9	77.9	79.5	77.9	80.6	81.0	83.5
天津	GDP（亿元）	9109	11191	12885	14370	15722	16538	17885	18595	18810	14104
	第一产业	150	159	172	189	202	211	220	218	173	185
	第二产业	4838	5878	6664	7277	7766	7724	8004	7590	7610	4969
	第三产业	4122	5154	6450	6905	7755	8604	9661	10787	11027	8950
	一产占比（%）	1.6	1.4	1.3	1.3	1.3	1.3	1.2	1.2	0.9	1.3
	二产占比（%）	53.1	52.5	51.7	50.6	49.4	46.7	44.8	40.8	40.5	35.2
	三产占比（%）	45.3	46.1	50.1	48.1	49.3	52.0	54.0	58.0	58.6	63.5
河北	GDP（亿元）	20449	24585	26575	28443	29421	29806	31828	35964	36010	35104
	第一产业	2563	2906	3187	3500	3448	3439	3493	3508	3338	3518
	第二产业	10708	13127	14001	14762	15020	14388	15059	17417	16040	13597
	第三产业	7124	8483	9387	10039	10954	11979	13277	15039	16632	17989
	一产占比（%）	12.5	11.8	12.0	12.3	11.7	11.5	11.0	9.8	10.3	10
	二产占比（%）	52.4	53.4	52.7	51.9	51.1	48.3	47.3	48.4	39.7	38.7
	三产占比（%）	34.8	34.5	35.3	35.3	37.2	40.2	41.7	41.8	50.0	51.3

数据来源：根据北京市、天津市、河北省2010—2019年国民经济和社会发展统计公报整理得到。

根据河北省三次产业产值占地区生产总值的比重,从表3.2可以看出,2017年之前,第二产业在河北省的经济结构中占主导地位,其占比由2010年的52.4%下降到2019年的38.7%,高于第一产业和第三产业占比，第二产业在河北省的经济发展中占据主要优势，并且在GDP中所占的比重整体呈下降趋势。第一产业占比呈下降的趋势，由2010年的12.5%下降到2019年的10%，第三产业占比从2010年的34.8%上升到2019年的51.3%，整体呈上升趋势，尤其从2011年至2019年以来，第三产业呈持续上升趋势。总之，通过分析我们可以看出，河北省的第二产业产值占比呈下降趋势，第一产占比也呈下降趋势，而第三产业产值占比呈整体上升趋势，由此可知，河北省的产业结构在不断优化，而2017年之前河北产业仍属于二产强支撑型，呈现"二、三、一"型的产业结构。

表3.3 工业化阶段和产业结构变化的关系

工业化阶段	三次产业的产值结构的变动
工业化前期	一产比重 > 二产比重
工业化初期	一产比重 < 二产比重，且一产比重 > 20%
工业化中期	一产比重 < 20%，二产比重 > 三产比重
工业化后期	一产比重 < 10%，且二产比重 > 三产比重
后工业化阶段	一产比重 < 10%，且二产比重 < 三产比重

由表3.2可以看出，京津冀三地的产业结构呈现出明显的差异性，北京市产业结构是"三、二、一"型的三产支撑型，天津市产业结构是二产、三产共同发展的双支撑性，河北省产业结构是"二、三、一"型的二产强支撑型，京津冀三地产业结构的差异使其在产业结构转移上具备了条件。根据库兹涅茨依据三次产业产值比重变化判断工业化阶段的理论及指标，由表3.3可知，北京的产业结构已呈现"服务主导、科技主导"特征，已开始迈向后工业化阶段，处于产业升级的关键时期；天津的产业结构由2015年前的工业化后期阶段，到2015—2017年迈向后工业化阶段；而河北2016年由以前的工业化中期阶段，到2017年转为工业化后期阶段。2017年，北京第一产业比重为0.4%，第三产业比重高达80.6%，第二产业居于中间地位；天津第一产业比重为1.2%，第三产业比重为58.0%，这样北京、天津的产业结构与河北形成了互补。可以利用其互补差异，发挥各自的比较优势，比如，在农业方面河北具有明显的优势，可以为北

京、天津提供农副产品方面的服务；工业方面，河北的传统工业占主导地位，河北可以承接北京、天津的产业转移，大力发展自身的优势产业，提高工业发展技术水平；服务业方面，河北可以和北京、天津有差别的发展现代服务业。

3.2.3 京津冀三地投资状况分析

从表3.4可以看出，2010—2019年北京、河北两地利用外资方面呈现增长趋势，2017年北京利用外资的额度达到京津冀三地近年来最高值243.3亿元，天津利用外资呈现较大波动，2009—2015年呈现整体上升趋势，2016年呈现下降趋势，2017年略有回升，2010—2015年天津利用外资远高于同期北京和河北。北京在实际利用外资方面优于河北，2010年天津利用外资高于北京和河北两地，到2018年天津利用外资则落后于是北京、河北两地，天津和河北利用外资差距在逐步缩小，而与北京利用外资差距在逐步增大。2008—2017年北京利用外资的年均增长率是15.4%，天津利用外资年平均增长率是2.79%，河北利用外资的年均增长率是10.9%，河北相对北京来说，吸引外资的优势不明显，但其在利用外资规模方面在逐步改善。相对于北京来说，河北、天津缺乏对外经济交流，并未发挥出其临海、临港的区位优势，河北和天津的招商力度有待提高。天津和河北应重视招商引资，加强基础设施建设，扩大对外经济交流力度。

表3.4 2010—2019年京津冀三地利用外资情况

地区	年份	2010	2011	2012	2013	2014	2015	2016	2017	2018	2019
北京	利用外资（亿美元）	63.6	70.5	80.4	85.2	90.4	130.0	130.3	243.3	173.1	142.1
	比上年增长（%）	10.9	14.0	6.0	6.0	6.1	43.8	0.3	86.7	-28.9	-17.9
天津	利用外资（亿美元）	108.5	130.6	150.2	168.3	188.7	211.3	101.0	106.1	48.5	47.3
	比上年增长（%）	20.3	20.4	15.0	12.1	12.1	12.0	-12.2	5.0	-54.3	-2.5
河北	利用外资（亿美元）	43.7	52.6	60.3	66.7	70.1	73.7	81.5	89.4	97.0	102.8
	比上年增长（%）	18.2	20.5	14.7	10.6	5.1	5.1	10.6	9.7	8.6	5.9

数据来源：根据北京市、天津市、河北省2010－2019年国民经济和社会发展统计公报整理得到。

表 3.5 2010—2019 年京津冀三地固定资产投资情况

地区	年份	2010	2011	2012	2013	2014	2015	2016	2017	2018	2019
北京	固定资产投资（亿元）	5493.5	5910.6	6462.8	7032.2	7562.3	7990.9	8461.7	8948.1	8062.2	7868.7
	比上年增长（%）	13.1	7.5	9.3	8.8	7.5	5.7	5.9	5.7	-9.9	-2.4
天津	固定资产投资（亿元）	6511.4	7510.7	8871.3	10121.2	11654.1	13065.9	14629.2	11274.7	10643.3	12122.7
	比上年增长（%）	30.1	15.3	18.1	14.1	15.1	12.1	12.0	0.5	-5.6	13.9
河北	固定资产投资（亿元）	15082.5	16404.3	19661.3	23194.2	26671.9	29448.3	31750.0	33406.8	35311.0	37465.0
	比上年增长（%）	22.5	8.8	19.8	17.9	15.0	10.4	7.8	5.2	5.7	6.1

数据来源：根据北京市、天津市、河北省 2010—2019 年国民经济和社会发展统计公报整理得到。

全社会固定资产反映了固定资产的投资规模、速度、比例关系及使用方向，是以货币形式表现出的建造和购置固定资产。从表 3.5 可以看出，河北这一指标在总量上远大于北京和天津，并且快速增长，全社会固定资产投资与 GDP 存在着高度的正相关关系，北京和河北两地的该指标总体上呈增长趋势，但是增速在放缓，河北在总量和增速方面都大于北京，2010—2016 年天津的固定资产投资呈增长趋势，而 2017—2019 年固定资产投资下降，但天津的固定资产投资总量从 2010 年后一直大于北京。2019 年，河北社会固定资产投资达 37465.0 亿元，分别是北京、天津的 4.76 倍和 3.09 倍，但是对比表 3.2 京津冀的 GDP 对比来看，2019 年河北省 GDP 和北京相差无几、是天津的 1.28 倍和 2.49 倍，经济增长总量增长与固定资产投资并没有同比例上升，由此可以看出，河北省固定资产投资利用效率不高。

3.2.4 京津冀三地科研教育状况分析

表 3.6 2019 年京津冀三地的教育科研情况

指标	单位	北京	天津	河北
高等学校数	所	93	56	122
年末在校研究生	万人	36.1	7.3	5.5
专利申请	万件	22.6	9.6	10.1
专利授权	万件	13.2	5.8	5.8
研究与发展经费支出	亿元	2233.6	463	566.7
研发经费支出占 GDP 比重	%	6.3	3.3	1.6

数据来源：根据北京市、天津市、河北省 2019 年国民经济和社会发展统计公报整理得到。

3 京津冀产业结构及资源环境承载力状况分析

与北京、天津两地相比,河北省整体教育水平低,研发水平落后,研发经费不论是从总量上还是占GDP比重方面都与北京和天津存在着差距。2019年,北京、天津的研发支出占GDP比重分别为6.3%和3.3%,而河北省这一比重为1.6%,研发支出远低于北京、天津。就专利申请数和专利授权数来说,北京均是河北的2倍多,这表明河北的自主创新、持续创新和成果转化能力不足,创新氛围不够活跃。年末在校研究生数,北京是河北省的6.5倍,北京高素质人才聚集,同时北京发展环境优越,势必会吸引河北的高素质人才到北京集聚,不利于在河北形成人力资源优势,人力资源劣势又进一步拉大与北京、天津的经济差距,影响区域经济的整体发展。

3.3 京津冀资源环境承载力状况

3.3.1 京津冀资源承载力现状

丰富的自然资源为京津冀的发展提供了有力保障。京津冀地区自然资源优势突出,天津滨海新区有1214平方千米的滩涂,曹妃甸有310多平方千米的可开发空间;有大港油田等油气资源和丰富的海盐资源。此外,河北在土地资源、劳动力资源等方面有明显优势;铁矿、黄金等资源在全国占有一定的优势;农业优势突出,是我国重要的粮、油、棉、蔬菜、水果、禽、蛋、鱼等生产基地。

3.3.1.1 京津冀地区矿产资源现状

京津冀区域地处太平洋沿岸,毗邻渤海,矿产资源十分丰富,储量之多与种类之广,是中国其他沿海地区所没有的。煤炭、铁矿、海盐、石油、建材等储量非常丰富。资源分布比较集中,易于开发投产;资源互补性强,便于规模化开采;匹配条件优越,有利于综合利用和深度加工。因此近代以来形成了大型和较大型的矿区,历史悠久的如唐山开滦煤矿、冀东铁矿、长芦盐场等。由于该区地处复合大陆的特殊地质环境,使得能源和矿产资源在沿海地区广泛分布。本区主要为煤炭、油页岩、泥炭和铀矿床等固体燃料矿产,是我国重要的煤炭资源基地。丰富的能源资源为京津冀地区发展提供保障。濒临的渤海,为京津冀的发展提供除了上述各种资源外,海底还有石油、天然气、煤、铁、铜、硫和金等矿物,藏量也相当丰富。此外,还有极其丰富的海洋能源资源,包括潮汐能、波浪能、温差能、风能、潮流能等。

　　截至2016年,京津冀已探明矿种151种,查明资源储量120种。矿产种类齐全,铁矿、金矿、煤矿以及化工、建材等诸多资源均有分布,其中铁矿占全国总量的14.31%,主要分布在河北境内,储量占到区域整体的97%。统计结果显示,矿山企业中的大型矿产北京、天津、河北各有202个、421个、3817个,小型矿产北京、天津、河北各有47个、114个、245个。矿产资源开发企业呈现集聚分布特点,总体来讲,可划分为三大区,即以承德-秦皇岛-唐山为主的东北企业分布圈,以张家口-保定为主的西部企业分布圈,以及以邢台-邯郸为主的南部企业分布圈。北京、天津以及河北东南部市区,如沧州市、衡水市以及廊坊市等矿产企业开发较稀少[124]。其中,铁矿开采企业数量最多,为1471家,唐山市分布有855家,承德市分布有372家。其次为煤矿开采,地区内分布数量为145家,邯郸市数量最多,为66家,其次为张家口市,为26家。多年的矿产资源开发,促进了各种经济类型矿产企业的蓬勃兴起,极大地促进了区域内矿业和社会经济发展,但由于前期预防与后期治理措施不恰当,造成了生态环境严重破坏和污染、生态系统功能退化、部分森林受到破坏、湿地萎缩、河湖干涸、水土流失严重等一系列生态环境问题,尤其是近几年的雾霾,对居民的生产、生活造成严重影响。此外,矿产资源开发导致的生态修复历史遗留问题同样相当严重。资料显示,河北境内,矿山企业直接占用、破坏土地约5.8万公顷,积存固体废石、废渣、尾矿堆达7000多个,存量达18亿吨,其中金属矿山开采所产生的废弃渣料约占98%。截至2006年,除唐山、邯郸、承德等市的大中型矿山企业基本能做到对矿产资源开发进行环境防护和后期治理,大量的中小型矿山个体企业普遍存在随意丢弃等问题。

3.3.1.2 京津冀土地资源现状

京津冀区域占地面积21.8万平方千米,占全国国土面积的2.3%,是我国北方规模最大,发育最好,现代化程度最好的人口和产业密集区,也是我国华北平原粮食主产区。通过图3.1可知,京津冀城市土地利用以耕地为主,林地为辅,建设用地占有比重较大。受地形地貌影响,基本形成了北部山区林草地为主、未利用地为辅和南部平原耕地为主,建设用地为辅的两个土地利用类型。图3.2中反映出京津冀区域耕地面积正处于不断减少的阶段。由于城市化进程加快和投资规模逐年增加,导致各项建设用地的需求量增大,建设占用耕地的数量增加。但随着管理部门加强了土地宏观调控,严把土地闸门,在支持经济社会快速发展和生态环境建设的同时,遏制了乱占滥用耕地的势头,耕地面积下降的速度得以减缓。

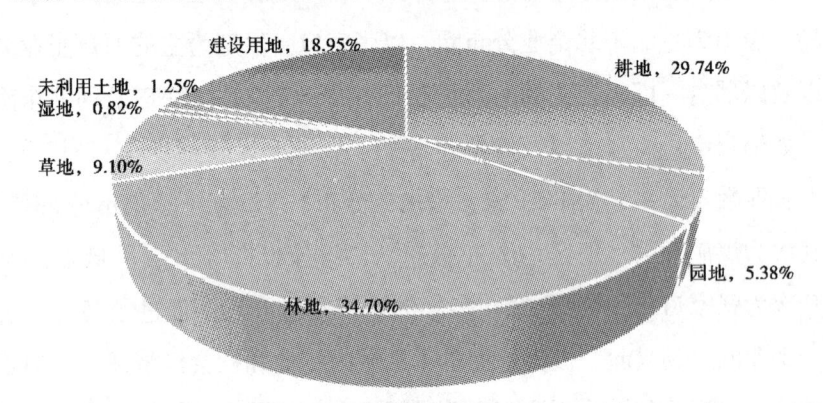

图 3.1 京津冀区域土地利用结构

数据来源:2021年《中国统计年鉴》

2020年末,京津冀人口密度为508.38万人/平方千米。北京市常住人口2189万人,人口密度达1333.90人/平方千米;16410.54农用地占73.4%,建设用地占25.8%,未利用土地占0.8%;人均耕地仅为42.7平方米,远低于全国平均水平(970.6平方米),森林覆盖率仅为43.77%。天津市常住人口1387万人,人口密度为1159.07人/平方千米;11946.88农用地占47.1%,建设用地占51.46%,未利用土地占1.44%;人均耕地237.6平方米,森林覆盖率仅为12.07%。河北省11个城市常住人口7464

万人，188800 人口密度为 395.3 人/平方千米；农用地占 82.3%，建设用地占 16.3%，未利用土地占 1.4%；人均耕地为 808.44 平方米/人，林地覆盖率为 26.78%。（除关于人口的数据是 2020 年的，其余为 2019 年）

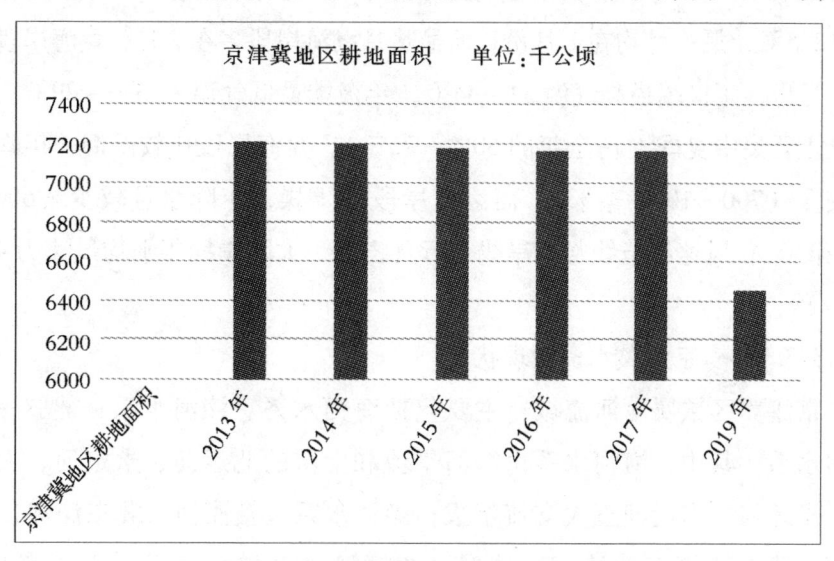

图 3.2 京津冀区域耕地面积变化情况

数据来源：2014 年 – 2020 年《中国统计年鉴》

2020 年末，京津冀土地人口承载力具有以下特征：①京津及河北省人口密度梯级差异巨大，最高可达 24000 人/平方千米以上，最低的可在 100 人以下；②京津核心城区土地承载高，北京的东城区、西城区，人口密度高达 16941.41 人/平方千米、21818.82 人/平方千米；天津市内六区人口密度高达 23410.4 人/平方千米；③河北省环京津城市人口密度相对很低，廊坊市最高为 672.2 人/平方千米；④人口密度北部、西部低于南部、东部，山区低于平原地区。承德和张家口、延庆和怀柔是人口密度低值区域。

综合以上可知，京津冀土地资源综合承载力水平较低，京津冀应严格控制新增建设用地规模，促进区域协调、形成合理利用土地的空间格局，强化土地节约集约利用，提高土地开发建设承载力，保障土地生态环境支撑力。

3.3.1.3 京津冀气候资源现状

京津冀区域地处中纬度，属温带—暖温带、湿润—半湿润季风气候类

■3 京津冀产业结构及资源环境承载力状况分析

型，气候温暖，水热同期，十分有利于植物的生长。该区气候特征四季分明，春季干旱多风，夏季高温多雨，秋季天高气爽，冬季寒冷干燥。年日照时数2500—2900小时；年总辐射5000—5800兆焦/平方米；年平均气温8－12.5℃，最冷月均在1月份，而最热月渤海岸段多在7月，黄海岸段多在8月份，年极端最高气温34－44℃，年极端最低气温－13—－29℃；降水量主要集中夏季（占全年的60%—75%），黄海岸段比较湿润，年降水量较多（700—1000毫米），而渤海岸段较干燥，年降水量较少（600—700毫米）；风速等值线与海岸线平行且密集，大陆岸线年平均风速为4—5米/秒。

3.3.1.4 京津冀水资源现状

京津冀区域属海河流域，主要包括海河水系、滦河水系、徒骇—马颊河水系。其中：海河水系由海河干流和上游的北运河、永定河、大清河、子牙河、南运河五大支流组成；滦河水系包括滦河、冀东滦河以东诸河、冀东滦河以西诸河；徒骇—马颊河水系包括徒骇河和马颊河。2019年，京津冀区域国土面积约21.68×10^4平方千米，占全国的2.26%；常住人口为11307.4万人，占全国的8.1%；地区生产总值为84580.08亿元，占全国的8.6%；水资源总量为146.2亿立方米（见表3.7，参照2016年数据计算），仅占全国的0.50%；人均水资源量为129.29立方米，仅为全国平均水平的6.2%；用水总量为252.4亿立方米，占全国的4.19%；人均综合用水量为223.60立方米，为全国平均水平的54.3%；万元GDP用水量为38立方米，占全国平均水平的40%。2021年末，京津冀地区水资源开发利用程度超过100%，水资源处于严重超载状态，京津冀地区经济的高速发展已对水环境造成了巨大的压力，并呈明显增加态势[125]。

总体而言，京津冀区域是中国经济最具活力、开放程度高、创新能力最强、吸纳人口多的地区之一，也是水资源极为短缺和用水效率较高的地区之一。由于粗放的发展模式，水环境和水安全都受到了很大威胁。京津冀地区整体定位是以首都为核心的世界级城市群、区域整体协同发展改革引领区、全国创新驱动经济增长新引擎、生态修复环境改善示范区。如何在水资源短缺以及水环境恶化的现状下保障经济社会可持续发展，已成为该地区节水型社会和生态文明建设的核心内容。

表3.7 2011—2019年京津冀水资源情况

地区	年份	2011	2012	2013	2014	2015	2016	2017	2018	2019
北京	水资源总量（亿立方米）	26.8	39.5	24.8	20.3	26.8	35.1	29.8	35.5	24.6
	人均水资源量（立方米/人）	134.7	193.2	118.6	95.1	124.0	161.6	137.2	164.2	114.2
	地表水（亿立方米）	9.2	18.0	9.4	6.5	9.3	14.0	12.0	14.3	8.6
	地下水（亿立方米）	21.2	26.5	18.7	16.0	20.6	24.2	20.4	28.9	24.7
	重复率（亿立方米）	3.5	4.9	3.4	2.2	3.1	3.1	2.6	7.7	8.8
天津	水资源总量（亿立方米）	15.4	32.9	14.6	11.4	12.8	18.9	13.0	17.6	8.1
	人均水资源量（立方米/人）	116.0	238.0	101.5	76.1	83.6	121.6	83.4	112.9	51.9
	地表水（亿立方米）	10.9	26.5	10.8	8.3	8.7	14.1	8.8	11.8	5.1
	地下水（亿立方米）	5.2	7.6	5.0	3.7	4.9	6.1	5.5	7.3	4.2
	重复率（亿立方米）	0.7	1.2	1.2	0.6	0.8	1.3	1.3	1.5	1.2
河北	水资源总量（亿立方米）	157.2	235.5	175.9	106.2	135.1	208.3	138.3	164.1	113.5
	人均水资源量（立方米/人）	217.7	324.2	240.6	144.3	182.5	279.7	184.7	217.7	149.9
	地表水（亿立方米）	69.8	117.8	76.8	46.9	50.9	105.9	60.0	85.3	51.4
	地下水（亿立方米）	126.2	164.8	138.8	89.3	113.6	133.7	116.3	124.4	97.8
	重复率（亿立方米）	38.9	47.1	39.8	30.1	29.4	31.3	38.0	45.6	35.7

数据来源：2012—2020年《中国统计年鉴》整理得到。

3.3.2 京津冀环境承载力现状

3.3.2.1 大气环境分析

环保部发布2019年全国空气质量榜单，尽管上年京津冀地区优良天占了一半，但全国空气质量较差的10个城市仍有9个位于京津冀及周边地区（后10位城市依次是：保定、济南、聊城、新乡、鹤壁、临沂、洛阳、枣庄、咸阳和郑州市）。京津冀区域13个城市，1—12月，平均优良天数比例为62.6%，同比上升4个百分点。$PM_{2.5}$浓度为50微克/立方米，同比下降5.7%；PM_{10}浓度为113微克/立方米，同比下降4.2%。10—12月，《京津冀及周边地区2017—2018年秋冬季大气污染综合治理攻坚行动方案》实施以来，$PM_{2.5}$浓度削减幅度最大的前六位城市是石家庄、北京、廊坊、保定、鹤壁和安阳市，与去年同期相比，$PM_{2.5}$浓度削减幅度均在40%以上。

（1）北京市。2019年，空气质量达标（优和良）天数为240天，达标天数比例为65.8%，达标天数比上年增加13天，比2013年增加64天；空气重污染（重度和严重污染）天数为4天，发生率为1.1%，比上年减少11天，比2013年减少54天。在空气质量超标天中，首要污染物均为$PM_{2.5}$。从月际变化看，二氧化硫、二氧化氮总体呈现冬季高、夏季低的特征。$PM_{2.5}$浓度1—2月高，之后呈现波动下降特征，3—8月、10—12月均为近五年来的最低月均浓度水平，2019年的4天重污染全部发生在秋冬季。PM_{10}受气象条件及沙尘天气影响，波动性较大，1月、4—5月、9月浓度水平明显较高，其余浓度水平较低。

北京空气中细颗粒物（$PM_{2.5}$）年平均浓度值为42微克/立方米，比上年下降17.6%，超过国家标准20%；二氧化硫（SO_2）年平均浓度值为4微克/立方米，比上年下降33.3%，达到国家标准；二氧化氮（NO_2）年平均浓度值为37微克/立方米，比上年下降11.9%，首次达到国家标准；可吸入颗粒物（PM_{10}）年平均浓度值为68微克/立方米，比上年下降12.8%，首次达到国家标准。全市空气中一氧化碳（CO）24小时平均第95百分位浓度值为1.4毫克/立方米，比上年下降17.6%，达到国家二级标准；臭氧（O_3）日最大8小时滑动平均第90百分位浓度值为191微克/立方米，比上年下降0.5%，超过国家标准0.19倍。臭氧浓度4—10月份较高，超标主要发生在春夏的午后至傍晚时段。

全市大气降水年平均pH值为6.75，无酸雨发生。

（2）天津市。2019年，天津市颗粒物浓度持续下降，细颗粒物（$PM_{2.5}$）年均浓度为51微克/立方米，完成国家《大气污染防治行动计划》任务目标。SO_2年均浓度为11微克/立方米，低于国家年平均浓度标准（60微克/立方米）。天津市环境空气质量综合指数5.48，达标天数219天，重污染天数15天。$PM_{2.5}$、PM_{10}、SO_2、NO_2年均浓度分别为51微克/

立方米、76微克/立方米、11微克/立方米、42微克/立方米，CO和O_3浓度分别为1.8毫克/立方米、200微克/立方米。主要污染物中，CO浓度达到国家标准，$PM_{2.5}$、PM_{10}、NO_2年均浓度和O_3浓度分别超过国家标准0.46倍、0.09倍、0.05倍和0.25倍。2013年至2019年，天津市空气质量达标天数显著增加，从2013年的145天增至2019年的219天，增加74天。其中，一级优天数从2013年的6天增至2019年的44天，增加38天。

2013年至2019年，天津空气重污染天数明显降低，从2013年的49天降至2019年的15天，减少34天。与2013年相比，2019年天津市主要污染物年均浓度均显著下降，$PM_{2.5}$、PM_{10}、SO_2、NO_2分别下降46.9%、49.3%、81.4%、22.2%；其中SO_2下降幅度最大，2017年年均浓度首次降至20微克/立方米以下。从空间分布看，5年来天津市各区域$PM_{2.5}$浓度呈明显下降趋势，2019年各区浓度水平已经明显低于2013年，全市$PM_{2.5}$浓度分布总体差异不大。

（3）河北省。2019年，河北省完成气代煤、电代煤改造253.7万户，压减炼钢产能1402万吨、炼铁2132万吨、焦炭319万吨、煤炭1006万吨，整治改造"散乱污"企业38785家，关停取缔企业68747家，新增造林绿化面积741万亩。河北省平均达标天数226天，占全年总天数的61.9%，较2013年增加97天。从重污染天数看，2019年河北省平均重污染天数17天，较2013年减少63天。河北省$PM_{2.5}$年平均浓度每立方米50.2微克，较2013年的每立方米108微克降幅达到53.5%，较2016年70微克/立方米同比下降28.3%，超额完成国家"大气十条"确定的较2013年下降25%的目标任务，大气环境质量取得明显改善。此外，2013—2019年，河北省各设区市$PM_{2.5}$浓度均逐年下降，且降幅显著，其中石家庄、唐山、廊坊、邢台降幅超40%。

2019年，河北省SO_2、NO_2、PM_{10}年均浓度分别为15微克/立方米、39微克/立方米、93微克/立方米，同比有改善，NO_2浓度与2018年持平，SO_2、PM_{10}较2018年同比分别下降21.1%、6.1%。SO_2达到国家标准（60

微克/立方米）；NO_2 达到国家标准（40 微克/立方米）；PM_{10} 超过国家标准（70 微克/立方米）32.9%；$PM_{2.5}$ 超过国家标准（35 微克/立方米）43.4%。

2019 年，河北省优良天数平均为 226 天，比 2018 年增加 18 天，比 2013 年增加 97 天；重污染日 17 天，比 2018 年减少 0 天，比 2013 年减少 63 天。

综上可知，京津冀大气污染治理任重而道远，需要三方共同规划和实施大气污染控制方案，统筹安排，互相协调，互相监督，最终达到控制复合型大气污染、改善区域空气质量、共享治理成果与塑造区域整体优势的目的。

3.3.2.2 水环境分析

京津冀地区位于海河流域，海河流域东临渤海，西倚太行，南界黄河，北接蒙古高原，流域总面积达 32.06 万平方千米。但由于水量供应季节差异大、水利设施造成自然生态破坏、人口高度密集、农业面源污染严重、区域内工业结构偏重等历史原因，海河流域水环境一直较为脆弱。现状：区域水资源匮乏，水质污染严重资源性缺水和水质性缺水同时存在：①资源性缺水：京津冀地区平均水资源总量仅相当于全国人均水资源量的 5%–13%，水资源缺乏已经成为制约地区发展的瓶颈；②水质性缺水：京津冀地区所在海河流域在全国河流地表水水系中水质最差，劣Ⅴ类水占比在全国主要流域中最高，污染最为严重，治理迫在眉睫。

京津冀地区从 20 世纪 80 年代以来，由于过量开采地下水资源，导致形成地下漏斗区。华北平原京津冀复合大漏斗总面积达 7.28 万平方千米，覆盖了河北、天津及山东的广大平原，地面的沉降，还引发了一系列环境问题：铁路路基、建筑物、地下管道等下沉、开裂，堤防和河道行洪出现危机。同时京津冀城市群地区的海洋环境、陆地水环境都表现令人担忧。河流流经城镇工矿区后，由于人类活动的强烈影响，水质急剧恶化，水污染进一步加剧了水资源的短缺。地下水开采严重超量,水资源严重短缺,影响了渤海近海海域的水资源质量。

三地早在"十三五"规划中提出对污水处理率给予明确要求,北京提出在2018年底前,全市建成区实现污水处理设施全覆盖;天津和河北提出到2019年城市污水处理率达到95%。"水十条"与《城市黑臭水体整治工作指南》提出2020年底前地级及以上城市建成区黑臭水体均控制在10%以内;2030年底前城市建成区黑臭水体总体得到消除,目标明确,任务艰巨。

随着环保治理逐步推进,水治理项目操作模式正在由相对单一的市政污水处理向大规模综合性流域治理转变。与传统城市污水处理相比,流域治理尺度更大,覆盖范围更广,通常需要对整体水系进行规划;另外,流域治理的工作内容大大拓展,除了涵盖传统市政污水处理之外,还包括水利改造、园林绿化、生态修复等内容。黑臭水体治理是流域治理的主要工作,由于目前黑臭水体治理工作的信息和数据更容易获得,可以将其作为一项指示性指标,借此观察整个流域治理工作的进度情况。目前以黑臭水体治理为开端的流域治理工作已经在京津冀地区全面启动,根据2017年4月相关数据,京津冀三地共有黑臭水体总数为127个,总长度达到约1000千米,按照每千米治理投资1.5亿元计算,京津冀地区黑臭水体治理总投资接近1500亿,治理空间巨大。

综上所述,京津冀地区水质污染严重,"水问题"已经成为阻碍区域发展的一大瓶颈。近年来区域水环境治理的关注度不断提升,相关政策陆续落地,治水时间表出台,治理工作快速推进,市场空间将迅速释放。

3.3.2.3 土壤环境分析

京津冀平原地区土壤环境综合质量整体优良,大面积地区土壤为清洁和尚清洁,仅在北京中心城区,天津城区和蓟州区,河北石家庄、保定、唐山和秦皇岛等地区土壤环境综合质量达到污染级别[126]。北京市土壤环境污染元素，主要是 Hg、As、Cd、Cu 和 Pb。城区中心污染面积最大，为轻度污染和中度污染，土壤环境主要问题是 Hg 元素，已往研究证明燃煤和冶金烟尘是地表土壤 Hg 的主要来源。

天津城区周边土壤环境质量为轻度、中度和重度污染，存在多种重金属元素复合污染，这也是天津市污灌区土壤重金属污染的重要特征之一[127]，其中 Cd 污染最严重[128]，是造成土壤环境质量重度污染的元素。蓟州区南土壤环境质量为轻度、中度和重度污染，污染元素为 Pb、Cd、Zn、Cu 和 Hg，造成土壤中度污染的元素为 Zn、Cu 和 Hg，造成土壤重度污染的元素为 Cd；蓟州区位于山前平原上，多洼地，造成土壤中重金属元素富集。

河北省轻度污染土壤主要分布在冀东北部地区，冀南平原区低洼地和大中城镇周边。其中冀东北部地区轻度污染土壤分布在整个遵化盆地、唐山铁矿集区、秦皇岛西部（昌黎县、卢龙县、抚宁区）及唐海县，主要污染元素为 Cd、Cr、Cu 和 Ni，污染主要集中在卢龙、抚宁、昌黎 3 个县交界处的局部和北部区域，遵化盆地土壤污染元素为 Ni 和 Cr。以上污染区域与燕山期闪长岩体对应关系明显，初步推断该区域 Cu、Cr 和 Ni 元素的污染与该岩体分布有关，污染属自然成因[129]。Cd 元素污染主要集中分布在唐海县西北部和西部，为第四纪地层出露区，污染出现在水稻田中，主要是由污水灌溉引起的[130,131]。冀南平原区低洼地和大中城镇周边轻度污染区域分别在白洋淀洼地内的臧村镇至铜口镇，石家庄市及其南部的洨河两岸、衡水市、邢台市、行唐县等地，污染元素为 Hg、Zn、Cd 和 Cu。污染主要是由工业生产（如保定市臧村镇至铜口镇一带的铅锌小冶炼厂密集分布区）[132]、污水灌溉（石家庄及其南部的洨河两岸的多金属异常）等引起。中度污染土壤集中分布在唐山地区的唐海县西北部和西部，污染元素为 Cd；以及保定市东部白洋淀洼地内的臧村镇至铜口镇污染元素为 Cd、Cu 和 Zn。重度污染土壤孤点状分布，污染元素为 Hg、Cr、As、Cd 和 Zn[133]。

3.4 京津冀产业结构和资源环境承载力中存在问题

3.4.1 京津冀三地产业结构发展不合理

3.4.1.1 主导产业同构同质

比较分析京津冀三地的产业结构，发现三地制造业和服务业呈现出严重的同构同质倾向。北京和天津之间有3大制造业重合（汽车制造业；计算机、通信和其他电子设备制造业；石油加工、炼焦和核燃料加工业），北京与河北之间有2大制造业重合（汽车制造业；石油加工、炼焦和核燃料加工业），天津和河北之间有4大制造业重合（黑色金属冶炼和压延加工业；石油加工、炼焦和核燃料加工业；汽车制造业；化学原料和化学制品业）；而2017年前，三地服务业投资前三位均是房地产、交通运输、仓储和邮政业、水利、环境和公共设施管理业。

3.4.1.2 优势产业布局分散

京津冀三地的经济和产业过于集中于北京和天津，河北省经济相对落后，产业虽然总量大，但以各地级市为节点，表现出分散布局的特征。从产业层次分析，高新技术产业、战略性新兴产业集中于京津两地，河北地区仅有少数零星分布，缺少优势产业集群。2018年前，钢铁产业是京津冀地区的优势产业，在京津冀地区几乎所有地区都有钢铁企业布局。大型国有企业包括首钢、天钢、唐钢、邯钢、宣钢、承钢、石钢、邢钢等。

3.4.1.3 产业辐射带动不足

由于行政体制机制不畅，三地间在产业发展、生态环境保护、基础设施建设、创新合作等多个方面相对独立，缺少相关产业合作机制与平台。北京、天津处在极化效应向辐射扩散的转换阶段，对周边的辐射和扩散能力有待提升，带动作用比较小，周边的城市、农村发展缓慢。

3.4.1.4 落后区域被动的研发、制造和地方保护加剧了恶性竞争

为了减少与北京的差距，河北自己发展高科技产业，自主研发、自己

制造，很有可能在研发力量上造成和北京水平重复建设。当制造技术成熟时，结果却在研发上形成与北京的竞争，产业对接还是无法实现。为了保护已开发的力量，地方壁垒可能相继出现，条块分割变成保护手段，区域内的经济合作被竞争取代，条块分割进一步造成发展差距。

3.4.1.5 对已有重复建设整合的矛盾促使域内竞争加剧

区域内产业项目重复建设和恶性竞争的存在，阻碍了产业经济的良性发展。在区域协同发展的规划中，涉及各方的产业分工和重复建设的部分如何整合。在产业联合中存在相同产业的情况下，各方都希望实现自己已有投资能实现最大效益，为此争论不休，恶性竞争不断加剧。

3.4.1.6 落后地区承接产业转移吸引力差与吸纳产业的落后状态循环

新北京功能定位以后，天津和河北都面临着承接北京产业转移的机会，有实力、技术好的企业大多更看重市场和发展机会，对核心城市周边落后地区的招商引资政策积极性不高，转移出来的可能性不大，实力较弱、技术落后、高污染、高消耗企业转移出来的积极性却很高。京津两市的合作意愿很强，河北在参与合作过程中因优势不突出，这将进一步加剧河北吸纳产业的落后状态。

3.4.1.7 京津冀文化差异是导致产业对接和协同发展不畅的潜在因素

虽然文化差异在短期内不能消除，但在教育以及科技、培训资源利用上，在人力资源开发与利用上是可以先行一步的。而且产业结构的调整必然也伴随着专业人员就业及培训的地域转移调整，没有配套的人力资源，产业转移和调整就无法实现。

3.4.2 京津冀三地资源环境承载力薄弱

3.4.2.1 大气污染严重

京津冀地区以不足全国 2.25% 的国土面积，创造了全国 GDP 总量的 10% 以上，而支撑这一高强度增长的，主要是高污染、高排放的重化工业。

2008—2017年，京津冀区域能源重化工项目的比重大幅度提高，几乎占到整个国家工业产值的一半。工业的发展，给大气环境带来了难以承受的沉重负担，雾霾等重污染天气频频发生，严重影响了区域内人民群众的生命健康。

京津冀大气污染防治工作依然十分严峻，大气污染物排放总量仍超过环境容量，大气环境严重超载情况短期内难以发生根本性变化。2013年以来，京津冀$PM_{2.5}$平均浓度趋于下降。到2017年，与国家标准（35微克/立方米）相比，仍然有相当差距。从季节分布来看，冬季供暖开始区域污染严重，重污染天气频发。京津冀各地空气污染排放物的多项指标都超过国家标准，2017年北京NO_2年均浓度46微克/立方米，超过国家标准0.15倍；PM_{10}年均浓度84微克/立方米，超过国家标准0.20倍。2017年天津NO_2年均浓度50微克/立方米，超过国家标准0.25倍；PM_{10}年均浓度94微克/立方米，超过国家标准0.25倍。2017年河北省NO_2年均浓度47微克/立方米，超过国家标准0.18倍；PM_{10}年均浓度117微克/立方米，超过国家标准0.67倍。

3.4.2.2 水资源超载严重

京津冀地区平均水资源总量仅相当于全国人均水资源量的5%—13%，水资源缺乏已经成为制约地区发展的瓶颈，且京津冀地区所在海河流域在全国河流地表水水系中水质最差，劣Ⅴ类水占比在全国主要流域中最高，

表3.8 主要污染物环境容量及其超载情况

流域	COD			氨氮		
	环境容量/万吨	排放量/万吨	超载率（%）	环境容量/万吨	排放量/万吨	超载率（%）
海河流域	13	248	1910	0.7	21.5	3070
松花江流域	90	219	240	6.1	13.3	220
辽河流域	34	159	470	1.8	12.5	700
淮河流域	29	325	1120	1.9	34.2	1800
黄河流域	114	174	150	5.2	17.4	330
长江流域	370	622	170	37.8	78.2	210
太湖流域	46	31	70	2.5	4.9	200
珠江流域	231	287	120	8.2	34.1	420
东南诸河流域	120	117	100	5.7	16.4	290
西南诸河流域	15	31	200	1.1	2.6	230
西北诸河流域	25	97	390	0.8	6.5	820
全国	1087	2310	210	71.8	241.6	330

数据来源：中华人民共和国生态环境部网站。

污染最为严重,治理迫在眉睫。全国主要水污染物环境容量及其超载状况[125],如表3.8所示。全国COD和氨氮的超载率分别为210%和330%,其中海河流域超载最为严重,COD和氨氮的超载率分别为1910%和3070%;其次是淮河流域,COD和氨氮的超载率分别为1120%和1800%。京津冀地区COD和氨氮的超载率分别为150%和440%,其中优化开发区中的京津冀核心控制区、重点开发区中的冀中南及衡水控制区超载较为严重。

从京津冀地区水资源承载力来看,目前京津冀地区水资源开发利用程度超过100%,水资源处于严重超载状态。预计2030年京津冀地区可供水量约302.9亿立方米,需水量达317.1亿立方米,缺水约14.2亿立方米,而且缺口主要以城镇生活和工业刚性需求为主,缺口地区主要位于河北省。

3.4.2.3 高污染高耗能企业项目众多

京津冀地区是北方最大的资源使用和能源消耗地区,虽然产业占比方面,第三产业高于全国水平,但是能源使用占比方面却依然很高,焦炭消费量、煤油消费量和天然气消费量占比高于全国GDP水平,单个省份来看,北京市的汽油、煤油和天然气消费量占比高于全国水平,天津的原油和汽油消耗量高于GDP占比,河北方面煤炭、焦炭和柴油消费量高于全国占比,京津冀地区在单位面积内消耗能量远高于全国水平,这也是造成大气污染的原因之一。

表3.9 京津冀三地2019年能源使用情况

指标	北京	天津	河北	合计	全国占比/%
煤炭消费量/万吨	182.8	3766.11	28738.4	32687.35	8.13
焦炭消费量/万吨	–	903.99	9371.81	10275.8	22.13
原油消费量/万吨	936.99	1693.35	2177.54	4807.88	7.15
汽油消费量/万吨	500.9	284.46	423.19	1208.55	8.87
煤油消费量/万吨	697.8	110.58	32.17	840.55	21.28
柴油消费量/万吨	161.87	316.92	464.49	943.28	6.32
燃料油消费量/万吨	0.48	50	103.77	154.25	3.29
天然气消费量/亿立方米	189.4	110.61	165.48	465.49	15.21
电力消费量/亿千瓦·时	1166	878	3856	5900	7.88

数据来源:国家统计局网站。

3.5 本章小结

本章对比分析了京津冀的产业结构状况、资源环境承载力情况,并揭示了资源承载力约束下京津冀地区产业结构中存在问题。得出以下结论:

(1)从产业结构方面来看,北京产业属于三产支撑型,呈现"三、二、一"型的产业结构;2015年以后天津逐步向"三、二、一"型产业结构转型,其产业整体呈现二产、三产共同发展的双产支撑型。河北产业属于二产强支撑型,呈现"二、三、一"型的产业结构。

(2)根据库兹涅茨依据三次产业产值比重变化判断工业化阶段的理论及指标,北京的产业结构已呈现"服务主导、科技主导"特征,已开始迈向后工业化阶段,处于产业升级的关键时期;天津的产业结构由2015年前的工业化后期阶段,到2015—2017年迈向后工业化阶段;而河北省2016年由以前的工业化中期阶段,到2017年转为工业化后期阶段。

(3)京津冀三地产业结构不合理,主导产业呈现出严重的同构同质倾向。高新技术产业、战略性新兴产业过度集中于北京和天津,河北仅有少数零星的分布。三地间在基础设施建设、生态环境保护、产业发展、创新合作等多个方面相对独立,缺少相关产业合作机制与平台,中心城市对周边的辐射和扩散能力有限,带动作用比较小。京津两市的合作愿望强烈,河北在参与合作过程中因优势不突出,将会导致加剧河北吸纳产业的落后状态。

(4)京津冀三地资源环境承载力薄弱,区域所在海河流域超载严重。水资源开发利用程度超过100%,水资源处于严重超载状态,2020年京津冀地区出现的用水缺口主要为河北省。京津冀地区在单位面积内消耗能量远高于全国水平,这也是造成大气污染的原因之一。

4 资源环境承载力约束下的京津冀产业结构评价

产业活动对资源环境的影响具有双重性：当产业活动建立在资源环境的"承载阈值"之内时，产业的发展能为资源的利用和环境的保护提供资金和技术，资源环境的优化为产业进一步发展提供了更好的基础和条件[134]，从而使产业活动与资源环境之间形成良性循环，实现协调发展；倘若产业活动突破资源环境的"承载阈值"，也就是说超过环境容量和自净能力，使资源过度消耗以及废弃物排放增加，由此导致生态环境的不可逆性，反过来将会限制产业的发展，进而又会导致资源利用能力和环境改善能力的减弱，进入恶性循环。产业结构是一个"资源配置器"，同时也是资源环境的消耗和污染物产业的质和量的"控制体"[135]。产业结构对污染物种类、规模以及形成原因存在直接或间接影响[136]。其组合类型和强度在很大程度上决定了经济效益、资源利用效率和对环境的胁迫[137]。在资源的配置过程中，资源主要流向竞争力比较强的行业，从而引发该行业的技术创新，达到产业升级。要根据资源禀赋状况调整好资源配置结构，有针对性地制定切实可行的目标，从而促进产业结构的良性发展。

产业结构合理化是一个相对概念[138]，它是相对于某一经济目标来说，根据区域地理环境、自然条件、经济发展阶段、科学技术水平等特点，通过对产业结构的调整，使之达到与这些条件相适应的产业间协调状态。资源的供需与环境容量的制约是进行产业结构合理性评价的基本准则，产业结构是否合理，首先要明确的是区域经济发展阶段与经济发展目标，目标通过政策手段实施，最终以产业结构的形式表现出来。合理的产业结构应该使资源充分高效的利用、各产业协调发展、地区优势得到充分发挥。区域产业结构合理的基本原则，要满足以下两个条件，即充分发挥区域优势的原则和资源环境与产业结构相互协调的原则[96]。

（1）充分发挥区域优势的原则。区域产业结构必须与区域社会、自然与经济条件相适应。具体内容包括各种自然资源与人力资源、区际内外市场条件、资源利用效率和经济发展水平。由于地理环境的地域分异与自然资源的非均衡分布，某些区域与其他区域相比，有丰富的矿产资源或优越的区位条件等，这是区域的绝对优势；但另外一些区域与其他地区相比，并不存在特别的优势条件，但由于区域内部的各种资源要素也存在差异，按照Ricardo的地域分工原理[58]，仍存在比较优势，即相对优势。因此，找出区域的优势条件并通过产业结构来体现是区域产业结构合理的基本原则。

（2）资源、环境与产业结构的协调原则。作为两个相互影响的子系统，经济系统从地理环境中获取资源进行生产消费，并将废气、废料、残渣排到环境系统中。产业结构是衡量经济发展水平的状态指标，资源、环境与产业结构之间存在耦合关系。

资源是产业发展的基础，区域自然资源的质量、数量以及结构影响这一地区主导产业、支柱产业的选择。一个自然资源贫乏的地区如果全部依靠区域外部的资源输入发展相关产业，形成的产业结构显然抗干扰能力差。

环境通过环境承载力对产业的发展起到制约作用，环境承载力是指某一时期、某种状态或条件下，某一区域环境对人类社会经济活动支持能力的阈值[139,140]。其中包含两个含义，一是环境承载力是经济活动的必要条件，二是承载力有确定的阈值。正因如此，经济活动对资源环境的"索取"和"干扰"不能破坏环境系统的正常结构和功能，否则超过承载力的环境将失去对经济的支撑力。区域有限的环境容量制约着这一地区的经济规模和人口规模。经济学中认为环境污染与生态退化属于经济的外部特征[141]，合理的产业结构应该使外部不经济降到最低。因此，环境污染不仅仅是对已排放的污染物进行治理的问题,应该把环境目标寓于产业的发展过程中。

资源、环境与产业结构之间的协调关系表现在区域资源的供需平衡、污染物排放不能超出环境的承载力。对于许多资源依靠输入的地区来说,应该保持长期的供大于需。

4.1 资源环境承载力约束下的产业结构评价指标体系的建立

4.1.1 指标体系构建原则

依据系统论的原理,在经济子系统与资源环境子系统中,资源环境与产业结构是个互动过程,产业结构的合理性表现在经济效益、资源效率和资源环境承载力的相互协调和平衡。资源环境承载力包括两部分内容,一是资源的供需,二是环境承载力。理想的模式是三者的效益均达到最优。资源效率是反映经济与环境联系度的一个重要衡量指标[142],体现了经济的投入产出水平,可以把它纳入经济子系统中。因此,产业结构合理程度的衡量实际上是建立产业结构与资源环境承载力之间的关系。

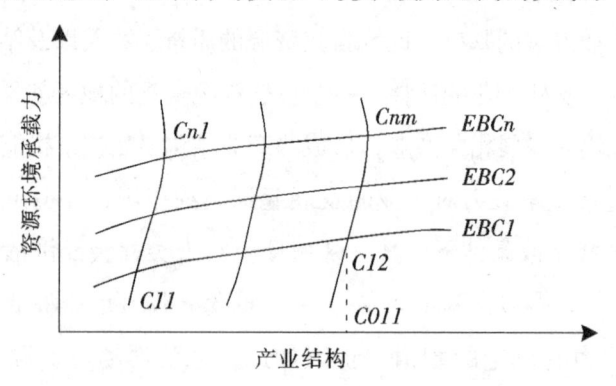

图4.1 产业结构与环境承载力的关系[139]

图4.1中曲线 $EBC1$、$EBC2$、$EBCn$ 表示不同经济水平下的环境承载力,交点为环境承载力的平衡点及其对应的最合理的产业结构,这表明:在某种资源环境条件下,存在最优的产业结构[139]。资源环境承

载力和产业结构是一个多变量、两个复杂的动态系统。在构建资源环境承载力——产业结构多维度耦合综合评价指标体系的时候，要遵循以下原则：

（1）科学性与客观性相结合原则。指标体系的建立要充分掌握城市群资源环境承载力的内在机制，在充分客观的前提下，建立具有既能涵盖全面又具有代表性的指标体系。指标的构建，不仅要考虑到数据的可得性，又要考虑到保证数据处理结果的客观真实性。

（2）可操作性与可比性相结合的原则。对于资源环境承载力——产业结构这样一个庞大的指标体系，在研究过程中不可盲目求全求大，致使包含过多其他冗余的指标内容，降低可操作性和可控性。对于区域内部和城市之间的比较而言，无论是在时间内涵还是在地域范围上进行比较，指标体系的建立更应该考虑指标的一致性，计算口径和测量方法保持统一，从而实现不同地区的横向与纵行的比较。

（3）静态性和动态性相统一的原则。资源环境承载力由于人口演进、城市规模变化、经济发展、环境质量变化等要素的影响，产业结构因此处于动态变化之中。这就要求在分析资源环境承载力和产业结构时要充分考虑时间序列对其的影响，最终为可持续合理地利用资源环境发展产业结构提供依据，动态的资源环境承载力和产业结构是能够预测的，因为它在一定的时期内是相对稳定的。因此，指标体系的内容不宜频繁变动，应保持相对的稳定性。

4.1.2 指标体系建立

根据产业经济效益、环境承载力和资源效率三者的相互关系建立模型，研究中将指标分为两类：资源环境承载力和产业经济发展压力指标体系。资源承载力指标主要反映区域承载体的资源环境状态与产业经济发展方面的指标。产业经济发展压力主要反映区域经济社会发展创造物质财富的同时人口对区域承载体施加的压力。研究中采用 SPSS 软件中相关性分析方法，通过对京津冀中 2017 年的各指标数值形成的向量进行相关分析，

4 资源环境承载力约束下的京津冀产业结构评价

并结合具体指标代表的确切含义，消除具体指标之间因信息重叠可能对分析造成的影响，并结合参考文献和当地实际情况，保留了其中的 22 项指标。其中人口密集度、年末实有城市道路面积、可利用城市建设用地、可利用水资源量、大气环境容量、水环境容量、研发支出占 GDP 比重、高新技术产业产值占 GDP 比重等指标作为资源环境承载力指标体系。人口总数、人口自然增长率、城镇人均住房使用面积、全区 GDP、人均 GDP、第二、三产业产值比重、GDP 年均增长率、人均城市建设用地面积、人均耕地面积、人均生活需水量、万元 GDP 水耗、SO_2 排放量、氨氮排放量、COD 排放量等相关指标作为产业经济发展压力指标体系。

表 4.1 资源环境承载力——产业结构多维度耦合综合评价指标体系

总指标	一级指标	二级指标	三级指标
资源环境承载力——产业结构多维度耦合综合评价指标体系 X	资源环境承载力 X_1	集聚程度 S_1	人口密集度（人/平方千米）T_1
			年末实有城市道路面积（万平方米）T_2
		资源支撑 S_2	可利用城市建设用地（平方千米）T_3
			可利用水资源量（万立方米）T_4
		环境容量 S_3	大气环境容量（万吨）T_5
			水环境容量（万吨）T_6
		科技进步 S_4	人才资源总量（人）T_7
			高新技术产业产值占 GDP 比重（%）T_8
	产业经济发展 X_2	人口发展 S_5	人口总数（万人）T_9
			人口自然增长率（%）T_{10}
			城镇人均住房使用面积（平方米）T_{11}
		经济增长 S_6	全区 GDP（亿元）T_{12}
			人均 GDP（元）T_{13}
			第二、三产业产值比重（%）T_{14}
			GDP 年均增长率（%）T_{15}
		资源消耗 S_7	人均城市建设用地面积（平方千米/万人）T_{16}
			人均耕地面积（平方千米/万人）T_{17}
			人均生活需水量（升）T_{18}
			万元 GDP 水耗（立方米）T_{19}
		环境污染 S_8	SO_2 排放量（吨）T_{20}
			氨氮排放量（万吨）T_{21}
			COD 排放量（万吨）T_{22}

4.2 资源环境承载力——产业结构多维度耦合评价模型构建

4.2.1 主成分分析法

研究采用主成分分析法对京津冀三地各城市做相关比较，求得一个总和的城市承载系数，可以较确切地反映出它们的相对发展水平。主成分分析是把原来多个变量划为少数几个综合指标的一种统计分析方法。从数学角度来看，这是一种降维处理技术。假定有个地理样本，每个样本共有 p 个变量，构成一个阶的地理数据矩阵。

$$X = \begin{bmatrix} X_{11} & X_{12} & \cdots & X_{1p} \\ X_{21} & X_{22} & \cdots & X_{2p} \\ \vdots & \vdots & \vdots & \vdots \\ X_{m1} & X_{m2} & \cdots & X_{mp} \end{bmatrix} \quad (4.1)$$

当 p 较大时，在 p 维空间中考察问题比较麻烦。为了克服这一困难，就需要进行降维处理，即用较少的几个综合指标代替原来较多的变量指标，而且使这些较少的综合指标既能尽量多地反映原来较多变量指标所反映的信息，同时它们之间又是彼此独立的。

定义：记 $x_1, x_2, \cdots, x_p$ 为原变量指标，$z_1, z_2, \cdots, z_m (m \leq p)$ 为新变量指标

$$\begin{cases} z_1 = 1_{11}x_1 + 1_{12}x_2 + \cdots + 1_{1p}x_p \\ z_2 = 1_{21}x_1 + 1_{22}x_2 + \cdots + 1_{2p}x_p \\ z_m = 1_{m1}x_1 + 1_{m2}x_2 + \cdots + 1_{mp}x_p \end{cases} \quad (4.2)$$

系数 1_{ij} 的确定原则：①z_i 与 z_j（$i \neq j$; $i, j = 1, 2, \cdots, m$）相互无关；②z_1 是 $x_1, x_2, \cdots, x_p$ 的一切线性组合中方差最大者，z_2 是与 z_1 不相关的 $x_1, x_2, \cdots, x_p$ 的所有线性组合中方差最大者；③z_m 是与 $z_1, z_2, \cdots, z_{m-1}$ 都不相关 $x_1, x_2, \cdots, x_p$ 的所有线性线性组合中方差最大者，则新变量指标 $z_1, z_2, \cdots, z_m$ 分别称为原变量指标 $x_1, x_2, \cdots, x_p$ 的第一，第二，…，第 m 主成分。

从以上的分析可以看出，主成分分析的实质就是确定原来变量 x_j（$j=1, 2, \cdots, p$）在诸主成分 z_i（$i=1, 2, \cdots, m$）上的荷载 1_j（$i=1, 2, \cdots, m; j=1, 2, \cdots, p$）。

从数学上可以证明，它们分别是相关矩阵的几个较大的特征值所对应的特征向量。

主成分分析法是按以下五个步骤完成的复合过程：①原始指标的标准化处理；②计算出相关的系数矩阵；③求解相关系数矩阵的特征值和特征向量；④主因子贡献率的标准；⑤获得城市主因子得分和城市发达指数。

4.2.2 原始数据

根据前文中建立了的资源环境承载力——产业结构多维度耦合综合评价指标体系，本书选用2017年北京市、天津市和河北省国民经济和社会发展统计公报数据，以及2018年中国国家统计年鉴和河北省统计年鉴的相关数据进行分析。具体指标数据见表4.2。

4.2.3 无量纲化

对于选择的指标数据，由于指标各具内涵，取值范围也各不相同，因此不具备可比性。要想将它们纳入统一的评价体系，首先应将其标准化以消除量纲的差异。因此，首先对原始数据通过SPSS软件，采用极大值进行无量纲化处理，使得每一列值都在0—1，具体数据处理结果参见表4.3。

表 4.2 京津冀资源环境承载力和产业发展原始数据表

三级指标	北京	天津	石家庄	唐山	秦皇岛	保定	张家口	承德	沧州	廊坊	衡水	邢台	邯郸
T_1	1322.8	1303.3	680.5	563.8	398.2	469.8	156.5	96.2	556.8	722.9	514.6	637.0	792.6
T_2	9196.3	10235.1	3346.7	2836.5	1452.2	1450.8	1136.9	674.2	1021.4	942.3	1147.0	1264.1	1383.8
T_3	1311.2	641.6	191.7	213.9	87.3	129.5	80.3	84.0	44.7	56.2	78.5	74.3	62.2
T_4	142625.6	68733.2	22757.1	19918.8	10917.3	9432.9	9130.5	6580.4	4386.2	3893.5	9874.5	5217.3	4952.5
T_5	8.4	6.0	7.9	6.8	3.9	11.1	18.5	19.8	7.0	3.2	8.9	6.9	5.4
T_6	8.8	4.0	4.6	6.2	5.1	7.0	4.7	14.0	2.5	3.2	7.6	4.4	4.8
T_7	6510821	3452716	872279	684948	201692	627025	285384	200193	514235	321764	428421	396218	604329
T_8	22.8	15.3	10.3	9.2	9.4	9.1	8.7	8.2	9.0	8.9	8.7	8.8	9.2
T_9	2170.7	1556.9	1088.0	759.6	311.1	1042.5	469.6	380.2	779.5	469.9	453.6	789.9	951.1
T_{10}	−0.10	0.26	0.59	0.68	0.40	0.64	0.52	−0.79	0.67	1.32	−0.29	0.19	0.74
T_{11}	31.7	36.0	30.2	22.6	28.8	31.6	26.4	20.2	27.2	31.3	25.4	25.3	29.7
T_{12}	28000.4	18595.4	6460.9	7106.1	1506.0	3227.3	1555.6	1618.6	3816.9	2880.6	1550.1	2236.4	3666.3
T_{13}	128992.5	119441.5	59383.3	93355.1	48408.9	30957.3	33126.1	42572.3	48966.0	61302.4	34173.3	28312.4	38548.0
T_{14}	99.6	98.8	92.6	91.5	86.7	88.3	81.9	84.4	91.9	93.5	88.1	87.8	88.9
T_{15}	6.7	3.6	7.3	6.5	7.3	6.0	6.8	7.1	7.0	6.8	7.2	7.0	7.1
T_{16}	0.51	0.66	0.20	0.28	0.30	0.11	0.18	0.13	0.06	0.14	0.15	0.12	0.16
T_{17}	1.00	2.81	3.85	4.69	6.82	4.82	5.53	13.20	6.43	8.74	6.18	6.36	4.23
T_{18}	166.01	122.38	126.78	164.91	133.80	85.49	104.54	177.85	109.55	154.18	92.43	112.46	152.13
T_{19}	33.66	10.78	12.74	67.99	55.31	5.72	15.36	20.17	3.36	3.81	4.21	46.21	61.82
T_{20}	33200	70530	117027	204057	29851	43153	104827	645890	21753	31869	30762	162548	184315
T_{21}	0.52	1.55	0.52	0.32	0.23	0.48	0.23	0.06	0.03	0.19	0.30	0.22	0.27
T_{22}	6.63	8.84	2.38	2.72	2.10	1.56	1.64	3.46	0.92	1.93	1.13	1.78	1.97

4 资源环境承载力约束下的京津冀产业结构评价

表 4.3 京津冀资源环境承载力——产业结构多维度耦合综合评价指标体系无量纲化处理表

三级指标	北京	天津	石家庄	唐山	秦皇岛	保定	张家口	承德	沧州	廊坊	衡水	邢台	邯郸
T_1	1.0000	0.9565	0.7070	0.6133	0.3923	0.6315	0.0428	0.0000	0.5639	0.7415	0.2890	0.3816	0.4992
T_2	0.9707	1.0000	0.3014	0.2434	0.1005	0.0990	0.0682	0.0000	0.0369	0.0297	0.0621	0.0735	0.0852
T_3	1.0000	0.4712	0.1160	0.1334	0.0339	0.0671	0.0284	0.0316	0.0000	0.0095	0.0599	0.0567	0.0474
T_4	1.0000	0.4674	0.1360	0.1155	0.0506	0.0399	0.0377	0.0194	0.0036	0.0000	0.0492	0.0166	0.0147
T_5	0.3142	0.1662	0.2840	0.2145	0.0423	0.4743	0.9215	1.0000	0.2296	0.0000	0.3155	0.2264	0.1582
T_6	0.5977	0.2280	0.2685	0.3992	0.3809	0.4584	0.2788	1.0000	0.1066	0.0000	0.4018	0.2653	0.2914
T_7	1.0000	0.7273	0.5402	0.3763	0.0015	0.3132	0.0425	0.0000	0.2548	0.0761	0.0658	0.0609	0.0928
T_8	1.0000	0.9565	0.7070	0.6133	0.3923	0.6315	0.0428	0.0000	0.5639	0.7415	0.0428	0.4712	0.6133
T_9	1.0000	0.6736	0.6712	0.4374	0.0000	0.8441	0.1714	0.0824	0.4184	0.1207	0.1617	0.5362	0.7925
T_{10}	0.011	0.0524	0.3365	0.0000	0.1565	1.0000	0.0649	0.0798	0.4570	0.4225	0.00548	0.0326	0.6214
T_{11}	0.5104	1.0000	0.3152	0.0000	0.3610	0.6194	0.2388	0.1767	0.6074	0.9727	0.2218	0.2164	0.5826
T_{12}	1.0000	0.5763	0.2170	0.2909	0.0096	0.0885	0.0006	0.0000	0.1023	0.0344	0.0126	0.0298	0.0964
T_{13}	1.0000	0.8442	0.2969	0.6913	0.2672	0.0431	0.0539	0.1346	0.2092	0.2317	0.0602	0.0000	0.6341
T_{14}	1.0000	0.9443	0.3623	0.4504	0.3390	0.0564	0.5762	0.0972	0.3091	0.2722	0.5318	0.1462	0.2851
T_{15}	0.0000	1.0000	0.3377	0.7351	0.5894	0.5894	0.5762	0.7219	0.7219	0.5629	0.3168	0.7219	0.5762
T_{16}	1.0000	0.6356	0.1484	0.2374	0.2605	0.0595	0.1282	0.0745	0.0000	0.0849	0.0914	0.0768	0.1173
T_{17}	0.0000	0.0000	0.0000	0.4365	0.3076	0.3749	1.0000	0.4111	0.6244	0.5504	0.4826	0.5715	0.3539
T_{18}	0.8804	0.3994	0.4471	0.8599	0.5231	0.0000	0.2063	1.0000	0.2605	0.7437	0.5914	0.3168	0.8093
T_{19}	0.4688	0.1148	0.1451	1.0000	0.8038	0.0365	0.1857	0.2601	0.0000	0.0070	0.0185	0.6872	0.7964
T_{20}	0.1304	0.7475	0.5896	1.0000	0.0922	0.1406	0.4354	0.2364	0.0000	0.0348	0.4738	0.8917	0.9274
T_{21}	1.0000	1.0000	0.7389	0.1783	0.1274	0.7070	0.1847	0.0191	0.0000	0.1465	0.0162	0.2043	0.4740
T_{22}	0.7489	0.7238	1.0000	0.4275	0.1714	0.0785	0.0866	0.3195	0.0000	0.0672	0.0094	0.3182	0.1653

· 63 ·

4.2.4 权重分析

利用 SPSS 软件 Factor 分析,通过对标准化后的数据进行主成分分析,得出了资源支撑指标体系各成分的特征值、方差贡献率以及累积方差贡献率。表中显示第 1 成分的特征值为 4.797,方差贡献率为 59.985%;第 2 成分的特征值为 2.484,方差贡献率为 31.049%,方差累积贡献率为 91.007%。从表 4.4 中可以得出 $f_1 + f_2 = 91.007\% > 85\%$,并且根据特征根 >1 的原则,选取前 2 项成分作为主成分因子来概括绝大部分信息。

表 4.4 资源环境承载力指标全部解释方差表

组成	初始特征值 合计	% 方差	累计 %	提取载荷的平方和 合计	% 方差	累计 %
T_1	4.797	59.958	59.958	4.797	59.958	59.958
T_2	2.484	31.049	91.007	2.484	31.049	91.007
T_3	0.388	4.852	95.859			
T_4	0.210	2.626	98.485			
T_5	0.077	0.966	99.451			
T_6	0.032	0.403	99.854			
T_7	0.011	0.138	99.992			
T_8	0.001	0.008	100.000			

提取方法:主成分分析方法。

资源承载力指标体系各项原始评价指标的主成分载荷矩阵(见表 4.6),根据各项指标在不同主成分上的载荷系数,可以得到各个主成分的评价模型。人口密集度、交通网络通达度、可利用水资源量、研发支出占 GDP 比重、高新技术产业产值占 GDP 比重占据第一主成分中比较大的比例,这充分说明这些指标与第一主成分因子有着较强的关联性,第一主成分因子可以反映这些指标所包含的关键信息,因此将其命名为资源支撑指标。可利用城市建设用地、大气环境容量、水环境容量占据第二主成分中比较大的比例,这充分说明这些指标与第二主成分因子有着较强的关联性,第二主成分因子可以反映这些指标所包含的关键信息,因此将其命名为环境容量指标。

表4.5 产业经济发展指标全部解释方差表

组成	初始特征值			提取载荷的平方和		
	合计	%方差	累计%	合计	%方差	累计%
T_9	6.479	46.280	46.280	6.479	46.280	46.280
T_{10}	2.944	21.031	6.7311	2.944	21.031	6.7311
T_{11}	1.519	10.848	78.160	1.519	10.848	78.160
T_{12}	1.289	9.210	87.370	1.289	9.210	87.370
T_{13}	0.615	4.393	91.763			
T_{14}	0.590	4.211	95.974			
T_{15}	0.273	1.950	97.924			
T_{16}	0.177	1.267	99.191			
T_{17}	0.113	0.809	100.000			
T_{18}	3.611E-16	2.579E-15	100.000			
T_{19}	1.914E-16	1.367E-15	100.000			
T_{20}	-6.365E-17	-4.546-16	100.000			
T_{21}	-2.337E-16	-1.669E-15	100.000			
T_{22}	-3.689E-16	-2.635E-15	100.000			

表4.6 资源环境承载力指标主成分载荷矩阵表

组成	组成	
	1	2
$Zscore(T_1)$	4.797	59.958
$Zscore(T_2)$	2.484	31.049
$Zscore(T_3)$	0.388	4.852
$Zscore(T_4)$	0.210	2.626
$Zscore(T_5)$	0.077	0.966
$Zscore(T_6)$	0.032	0.403
$Zscore(T_7)$	0.011	0.138
$Zscore(T_8)$	0.001	0.008

同样的原理，利用 SPSS 软件 Factor 分析，通过对标准化后的数据进行主成分分析，得出了人口与社会经济发展压力指标体系各成分的特征值、方差贡献率以及累积方差贡献率。表中显示第 1 成分的特征值为 6.479，方差贡献率为 46.280%；第 2 成分的特征值为 2.944，方差贡献率为 21.031%，方差累积贡献率为 67.311%。第 3 成分的特征值为 1.519，方差贡献率为 10.848%，方差累积贡献率为 78.160%；第 4 成分的特征值为 1.289，方差贡献率为 9.210%，方差累积贡献率为 87.370%。从表中可以得出 $f_1 + f_2 + f_3 + f_4 = 87.370\% > 85\%$，并且根据特征根 >1 的原则，选取前 4 项成分作为主成分因子来概括绝大部分信息。

表 4.7　产业经济发展指标主成分载荷矩阵表

组成	组成			
	1	2	3	4
$Zscore(T_9)$	0.680	0.542	-0.131	0.379
$Zscore(T_{10})$	0.445	0.755	-0.185	0.189
$Zscore(T_{11})$	0.147	0.731	0.331	0.519
$Zscore(T_{12})$	0.956	0.118	-0.080	0.070
$Zscore(T_{13})$	0.942	0.168	0.142	0.144
$Zscore(T_{14})$	0.941	0.053	0.150	0.239
$Zscore(T_{15})$	0.091	0.030	0.993	0.143
$Zscore(T_{16})$	0.927	0.017	-0.067	0.199
$Zscore(T_{17})$	0.794	0.127	0.231	0.102
$Zscore(T_{18})$	0.371	0.658	-0.240	-0.386
$Zscore(T_{19})$	0.281	0.780	-0.143	0.104
$Zscore(T_{20})$	0.365	0.425	0.549	0.582
$Zscore(T_{21})$	0.785	0.509	0.031	0.261
$Zscore(T_2)$	0.804	0.055	-0.007	0.347

产业发展压力指标体系各项原始评价指标的主成分载荷矩阵（见表 4.7），根据各项指标在不同主成分上的载荷系数，可以得到各个主成分的评价模型。人口总数、GDP、人均 GDP、第二三产业产值比重、人均城市建设用地面积、人均耕地面积、COD 排放量占据第一主成分中比较大的比例，这充分说明这些指标与第一主成分 f_1 因子有着较强的关联性，第一主成分因子可以反映这些指标所包含的关键信息，因此将其命名为经济发展

4 资源环境承载力约束下的京津冀产业结构评价

结构指标。人口自然增长率、城镇人均住房使用面积、人均生活需水量、万元GDP水耗、氨氮排放量占据第二主成分中比较大的比例,这充分说明这些指标与第二主成分f_2因子有着较强的关联性,第二主成分因子可以反映这些指标所包含的关键信息,因此将其命名为人口生存压力指标。GDP年均增长率占据第三主成分中比较大的比例,这充分说明这些指标与第三主成分f_3因子有着较强的关联性,第三主成分因子可以反映这些指标所包含的关键信息,因此将其命名为经济发展速度指标。SO_2排放量占据第四主成分中比较大的比例,这充分说明这些指标与第四主成分f_4因子有着较强的关联性,第四主成分因子可以反映这些指标所包含的关键信息,因此将其命名为环境污染程度指标。

表4.8 资源环境承载力指标评价结果

城市	F_1	F_2	F值
北京	2.440605	2.066733	2.105050
天津	1.763305	1.247888	1.444828
石家庄	0.963052	0.73797	0.806602
唐山	0.776437	0.69033	0.679865
秦皇岛	0.398932	0.372385	0.354799
保定	0.684261	0.719175	0.633501
张家口	0.38094	0.639563	0.426829
承德	0.441755	1.050817	0.590806
沧州	0.44624	0.322578	0.367743
廊坊	0.423245	0.182002	0.310368
衡水	0.42147	0.306831	0.312475
邢台	0.46382	0.398326	0.436820
邯郸	0.703728	0.674632	0.657431

由各主因子贡献率值归一化可以得到各主因子权重,计算出对应的特征向量。

$W_1 = \lambda_1 / (\lambda_1 + \lambda_2) = 0.60$

$W_2 = \lambda_2 / (\lambda_1 + \lambda_2) = 0.31$

再将得到的特征向量与标准化后的数据相乘,计算主成分得分。最后以每个主成分所对应的特征值贡献率占所提取主成分特征值贡献率之和的比例作为权重,计算综合得分,得出计算结果见表4.9。

$$F = \frac{\lambda_1}{\lambda_1 + \lambda_2 + \lambda_3 + \lambda_4}F_1 + \frac{\lambda_2}{\lambda_1 + \lambda_2 + \lambda_3 + \lambda_4}F_2 + \frac{\lambda_3}{\lambda_1 + \lambda_2 + \lambda_3 + \lambda_4}F_3 + \frac{\lambda_4}{\lambda_1 + \lambda_2 + \lambda_3 + \lambda_4}F_4$$

再将得到的特征向量与标准化后的数据相乘,计算主成分得分。最后以每个主成分所对应的特征值贡献率占所提取主成分特征值贡献率之和的比例作为权重,计算综合得分,得出下表计算结果。

表4.9 产业经济发展指标 X_2 评价结果

城市	F_1	F_2	F_3	F_4	F 值
北京	2.53	1.632	0.919159	2.016845	1.791085
天津	2.12	1.518	1.856209	2.259962	1.701239
石家庄	1.37	1.160	0.965455	1.567722	1.118891
唐山	1.47	1.356	1.599058	1.589729	1.281027
秦皇岛	0.76	0.908	0.956549	0.830017	0.721511
保定	0.92	1.275	1.033962	1.133640	0.906118
张家口	0.67	0.589	0.997709	0.750704	0.608427
承德	0.64	0.745	1.058397	0.891617	0.645354
沧州	0.72	0.776	1.063681	0.832024	0.685750
廊坊	0.77	1.054	1.101308	1.112203	0.796899
衡水	0.69	0.762	1.059765	0.812764	0.653429
邢台	0.71	0.821	1.061285	0.846812	0.675832
邯郸	0.79	1.1463	1.268520	1.365422	0.872791

由各主因子贡献率值归一化可以得到各主因子权重,计算出对应的特征向量。

$W_1 = \lambda_1/(\lambda_1 + \lambda_2 + \lambda_3 + \lambda_4) = 0.46$

$W_2 = \lambda_2/(\lambda_1 + \lambda_2 + \lambda_3 + \lambda_4) = 0.21$

$W_3 = \lambda_3/(\lambda_1 + \lambda_2 + \lambda_3 + \lambda_4) = 0.11$

$W_4 = \lambda_4/(\lambda_1 + \lambda_2 + \lambda_3 + \lambda_4) = 0.09$

4.2.5 数据分析

通过以上数据可知,京津冀各城市资源环境承载力指标体系中排名分别为北京、天津、石家庄、唐山、邯郸、保定、承德、邢台、张家口、沧州、廊坊、秦皇岛、衡水（如图4.2所示）。从总体情况来看，京津冀各城市内部相差悬殊，最高得分与最低得分相差接近1.8分，但内部还可以分成两类城市。一类是以北京、天津、石家庄为代表的大型城市。由于处于京津冀的政治、经济、文化中心，能够更多占有本区域的各项资源，为其职能的发挥提供必要的物质保障，因此这些城市的资源环境承载指标相对较高。同时这些地区科技力量发达，可以使资源得到充分利用，提高了资源的利用效率，也进一步提高了该地区的资源承载能力，使得这些地区的环境容量指标相对数值也较高，最终使得这些中心城市的资源承载力数值较高。另一类是以廊坊、衡水、秦皇岛为代表的中小城市。这些城市资源环境承载力指标体系相对比较小，但总体相差不大，这也充分说明这些地区本身资源有限，科技力量薄弱，又没有相关政策的支持，为了保证城市的发展不得不牺牲自己的一部分利益，使得这些地区超过资源环境承载能力的限度。

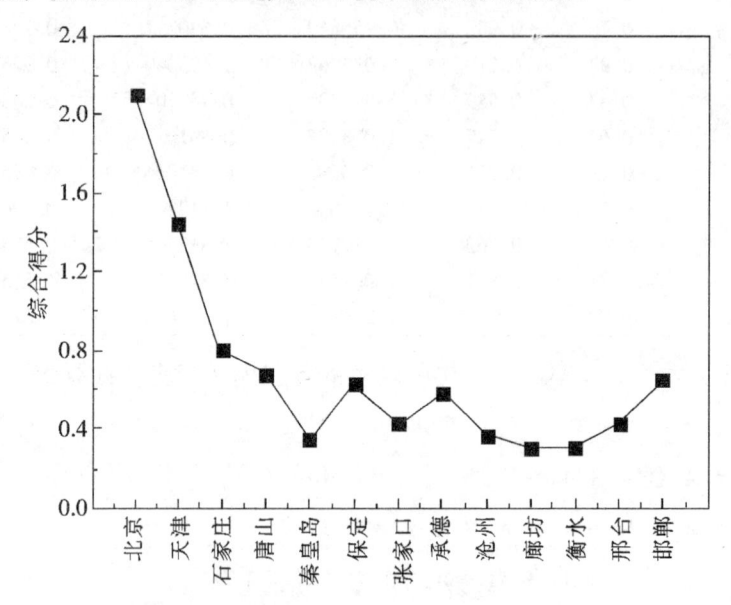

图4.2 京津冀各城市资源环境承载力综合评价

在资源支撑指标评价结果 F_1 中，人口密集度、高新技术产业产值占GDP比重这些成分得分较高，成为影响其大型城市资源承载力的关键指标之一。人口的不断增长不仅给其带来充足的劳动力因素，还可以为其提供人才支撑，不断提升资源的利用率，使资源得到充足的利用。环境容量指标评价结果 F_2 中，水环境容量这一成分得分较高，成为影响其资源环境承载力的关键指标之一。水资源的数量和质量在城市群中起到了重要的决定性作用。一个地区的水多与否，成为环境容量的关键因素。北京等大型城市之所以最终在资源承载力指标体系中得分相对于其他中小城市较高，无论是在资源支撑指标和环境容量指标都体现出绝对的优势，因此在中小城市的发展中，不仅要注重资源利用效率的提高，同时还要注意保护赖以生存的环境，以提高其环境的容量。

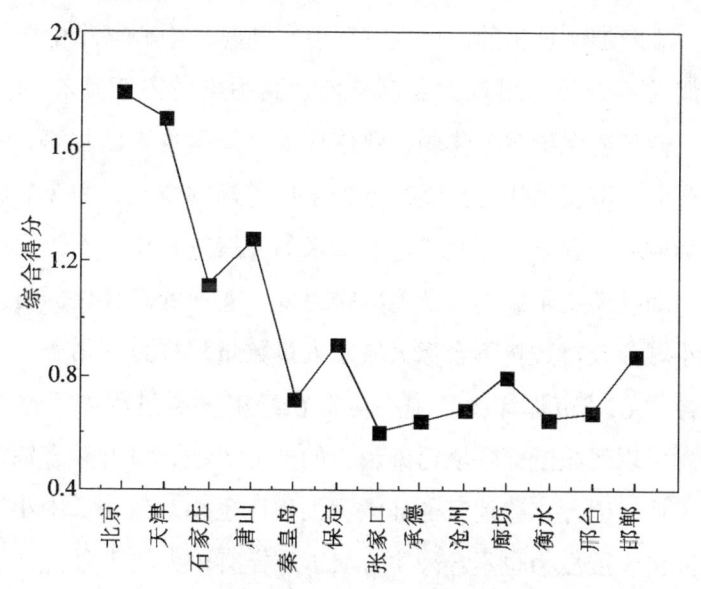

图 4.3　京津冀各城市产业经济发展综合评价

同理，京津冀产业经济发展压力指标体系中排名分别为北京、天津、唐山、石家庄、保定、邯郸、廊坊、秦皇岛、沧州、邢台、衡水、承德、张家口（如图 4.3 所示）。从总体情况来看，京津冀各城市之间的综合得分差距较小，最大值与最小值之间的差距也仅仅不到 1。这也得出京津冀地区本身人口相对较多，导致人口生存压力相对比较强。同时本地区是北方的经济发展中心地区，一味地强调经济发展结构和经济发展速度指标，最终使得这些地区环境污染程度有所上升，严重加剧了城市人口与社会经济发展压力，最终导致这些城市在资源环境承载力方面受到影响。从各地区的角度看，北京、天津、石家庄为代表的中心城市人口与社会经济发展压力指标体系得分要远远超过衡水、承德、张家口等中小城市的得分。这充分说明京津冀各城市内部的产业经济发展压力存在明显的不平衡性。

中心城市在发展过程中，大力发展以金融和高科技为代表的现代服务业，使得经济发展水平和速度得到大幅度的提升，产业结构不断升级换代，作为经济中心的这些中心城市，因此吸引了大量的外地人口，导致人口数量始终保持高位运行，造成各项人均资源不足，影响到产业经济的可持续发展，不断加剧这里的人口生存压力。同时，中心城市由于历史上存在工业布局的不合理，出现大量高耗能、高污染的重工业布局在中心城市，加之人们环境保护观念薄弱，致使环境污染程度不断加剧，因此，中心城市的产业经济发展压力指标得分处于比较高的位置，为今后的资源环境承载力加剧埋下隐患。这些城市在未来的发展过程中，不仅要合理控制人口数量，而且还要不断加大节能减排力度，实现低碳环保的可持续发展目标。中小城市人口数量不会像大城市人口数量那样急剧增长，因此人口压力也不像中心城市那样大。中小城市在经济发展过程中根据本地的特色，大量发展现代旅游等环境污染较小的产业类型，没有较多高耗能、高污染的重工业，因此这些地区的环境污染程度也相对较小，中小城市的人口与社会经济发展压力也不会像中心城市那样有较大的压力。

同时也可以注意到，在产业经济发展结构指标评价结果 F_1 中，GDP、人均 GDP、第二和第三产业产值比重这些成分得分较高，成为影响其人口与社会经济发展压力指标体系中的关键指标之一。由于依然在采用高污染，高耗能的传统经济增长模式，致使经济总量不断提高的同时，环境的破坏程度也在不断加剧，产业经济发展压力的数值也在不断提高，特别体现在大型中心城市当中。人口生存压力指标 F_2 中，人口自然增长率、城镇人均住房使用面积这一成分得分较高，成为影响产业经济发展压力的关键指标之一。人口绝对数量的增长，无疑需要更多的资源来支撑其发展，人口在自身温饱问题得到满足后,追究更高的要求,比如住房等,就会进一步加剧其资源环境的压力。以 GDP 年均增长率为代表的经济发展速度指标 F_3 和以 SO_2 排放量为代表的环境污染程度指标 F_4 同样也不同程度上影响和制约着产业发展压力指标的得分。经济的发展,科学技术水平的不断提高,使得原来不能消除的污染得到减少,直至消除。随着循环经济的不断发展,变废为宝,使得资源的利用效率得到大幅度的提高,最终人口与社会经济发展压力也将逐渐减弱,实现经济社会和生态环境的可持续发展。

4.3 资源环境约束下京津冀产业发展分析

近年来,随着京津冀产业的迅猛发展,生态环境和自然资源成为京津冀产业发展的重要内生变量和刚性约束条件。传统的粗放型产业发展忽视了资源环境的基础地位,造成能源紧张、资源短缺、生态退化、环境恶化、灾害频发,形成产业发展与资源环境有限性相互矛盾的局面,使得环境与发展成为京津冀产业发展必须关注的焦点。正确把握产业发展与环境保护之间的关系,寻求产业经济发展过程中解决环境问题的新思路、新方式和新途径,从根本上遏制环境污染,改善生态环境是京津冀产业可持续发展的当务之急[143]。基于以上分析,研究从以下几方面对京津冀资源环境承载力约束下的产业发展进行了分析。

4.3.1 基于矿产资源约束的京津冀产业发展分析

矿产资源开采,既是工业的重要内容,又为后续产业的发展提供原材料和能源,国民经济发展所消耗的 95% 以上能源、80% 以上工业原料和 70% 以上农业生产资料来自矿产资源。从 2017 年京津冀地区产业发展状况来看,北京已经进入后工业化,天津、河北基本完成工业化,京津冀地区工业化进程的差异,意味着地区对矿产资源的需求不同,尤其是能源结构,在今后一个相当长的时间内将难以发生重大改变,因此,把握矿产资源开发利用每个环节和流程,优化矿业结构,使矿产资源开发利用更好地

■4 资源环境承载力约束下的京津冀产业结构评价

满足京津冀地区经济发展的需要。

京津冀水土相连，随着经济的发展，依赖程度日益提高，合作发展的空间越来越大。但京津冀地区矿产资源分布不均匀，各地的环境承载力和矿产资源开发程度各异，因此，统筹京津冀矿产资源开发，明确开发方向、开发重点，确定合理的开发强度，统一矿产资源开发政策与措施，有利于京津冀地区发挥比较优势，带动区域经济持续发展。

京津冀地区内矿产资源开发主要集中在燕山、太行山山地水源涵养与水土保持区，坝上高原风沙防治区以及河北东部滨海区域，这些区域是京津冀地区生态屏障的重要组成部分，同样是生态风险高发和较高发区域。历史悠久的矿产资源开发已经对区域内的水源涵养、水土保持和生物多样性保护等生态功能产生了一定程度的影响；京津冀区域协同发展对矿产资源的开发提出了更高要求，局部区域的高强度矿产开发对生态环境的干扰会进一步增加。鉴于此，可根据京津冀地区不同生态功能区特点，推行差别化的管控对策，切实减缓生态影响。

（1）燕山山地水源涵养与水土保持区。应以生态维护为主，优化矿山布局和矿业结构，设定严格准入条件。对区域内矿业权实行减量化管理，不再新设露天矿采矿权；设定年限，逐次关闭区域内污染严重、生态破坏重的企业。加强对张家口、承德的超贫铁矿、有色金属及贵金属矿的管理，保障京津冀水源地生态安全。开展系列示范措施及整合措施，如实施承德钛磁铁矿综合利用示范工程。

（2）坝上高原风沙防治区。矿产资源开发的生态影响主要是高海拔山区采矿引发的水土流失。应着力做好矿山地质灾害防治、植被恢复、土地复垦等工作。推进以水土保持、湿地恢复和风沙治理为主的生态工程建设；强化水土保持监管，科学防治山洪、泥石流等自然灾害，构建水土流失综合防护体系。加强对历史遗留矿山的地质环境治理与恢复，如下花园煤矿区、蔚县煤矿区等。

（3）太行山山地水源涵养与水土保持区。空间范围主要为邢台、邯郸、石家庄以及保定等西面毗邻太行山山地区域，矿产资源开发力度较大，矿产开发应推进集约利用，加强技术改进，同时加强对矿山生态环境的保护，严控水土流失等。开展露天矿山污染整治专项行动，如武安铁矿区、井陉矿区等，对环保不达标、安全生产措施不合格和矿山地质环境治理恢复、水土保持不到位的矿山企业坚决予以停产整顿。推进绿色矿山建设，推广矿产资源节约和综合利用先进适用技术。

（4）其余空间区域。包括天津、廊坊以及唐山市县等部分区域，矿产开发历史悠久，生态破坏遗留问题严重，应以矿山地质环境恢复为主，提高准入门槛。开展矿山地质环境整治试点，解决闭坑矿山、废弃矿山和政策性关闭的矿山地质环境问题。建立非金属矿山有序退出机制，通过提高标准逐步彻底关停部分矿山开采。此外，生态风险高发区和较高发区，应以市县为单位，积极制定有针对性的管理措施；建立矿区生态风险管理体系和机制，做好矿区生态风险防范工作。

4.3.2 基于土地资源约束的京津冀产业发展分析

随着京津冀协同发展上升为国家战略，京津冀产业发展在带来人民生活水平提高的同时，对于土地资源也提出了更高的需求。基于京津冀土地资源承载范围内的产业发展、产业转移和产业承接，既有利于耕地资源保护，又有利于控制和限制耗能高、危害大、产能过剩的项目用地。

京津冀区位呈嵌套结构，产业发展已超出土地承载力范围。从实际情况看，当前津冀正围绕产业转移或产业承接展开大规模产业用地审批和集约、节约利用。由于北京市已经处于后工业化时期，已经迈向了更高经济发展阶段，国内生产总值中第二产业占比已经远远低于第三产业占比，并且呈现第二产业（工业）持续下降，第三产业进一步壮大的趋势，因此，产业转移对于北京市短期内经济增长影响不大，长期来看随着第二产业的转移，腾挪出更多的人均居住空间、建设用地资源，疏解了交通、居住、科技孵化等紧张状况，为超大都市的发展提供了空间保障。河北和天津在进行产业转型和淘汰落后产能，调整产业结构，承接北京非核心功能疏解和产业转移的过程使用地供需矛盾更加突出[144]。一方面,京津冀产业发展面临着土地供需矛盾突出、耕地后备资源匮乏的困境。津冀两地为了承接北京产业转移和功能疏解,用地扩张的要求比较强烈[145]。

承接产业转移项目和为北京服务的项目,需要大量新增建设用地,因此,需要积极争取国家在年度新增建设用地指标方面,在充分利用现有资源的前提下,给予倾斜支持。一是对北京周围的各类基础设施、国防军工设施等重大特殊项目,特别是省级以上立项的交通、水利、能源、国防军工等重大建设项目及其配套工程,实行实报实销备案制度。二是对承接的主要为北京服务的农产品批发市场等物流仓储项目以及养老、健身、旅游、康复医疗、度假休闲、商务会展、培训、印刷等服务业项目,或者由国家实行计划指标单列,或者由北京解决用地指标问题,实行跨省(市)指标转移调剂。由于近几年北京市用地指标使用率偏低,而津冀两地用地指标严重不足,可探索用地指标随同产业转移的异地同步转移新思路。

4.3.3 基于水资源约束的京津冀产业发展分析

基于水资源承载力约束,根据用水效率,京津冀地区可以大致分为两个梯队:第一梯队地区为北京和天津,水资源利用效率水平整体达到或接近发达国家水平;第二梯队为河北省,水资源利用效率整体水平不高。河北省未来需要进行产业结构调整以实现水资源与经济的可持续发展:①在三大产业层面,应大力发展第三产业,调整、提高第二产业,限制第一产业;②应调整农业种植结构,发展旱作农业,改目前冬小麦、夏玉米一年两熟制为种植棉花、玉米、花生、杂粮等农作物一年一熟制,并结合畜牧养殖业发展,支持发展青贮玉米、苜蓿等作物;③应支持电子信息及电气等技术密集型新兴行业的发展,限制、转移石化及冶金等传统行业发展;④促进第三产业逐步向高端化发展,由以批发零售、餐饮等传统服务行业为主转变为以技术性、知识性强的金融保险、科学研究等现代服务业为主。

4.3.4 基于大气容量约束的京津冀产业发展分析

基于大气环境容量约束,在工业领域进行能源整体优化调整,鼓励和推荐利用天然气和电力等能源，严格推行企业技术减排举措，限制高污染产品数量。对钢铁、水泥、玻璃以及非金属等产业采取"促减控整"措施改善工艺技术，逐渐降低产能。重点发展太阳能和生物能等新能源产业，发展新型智能化装备制造业，培育电子信息、生物制药和新型材料等产业。在民用领域，增强民用能源基础设施建设，改善民用基础设备，增加煤炭高污染能源获取难度，增强煤制气和天然气的利用和供给量。在交通领域，持续鼓励新能源汽车发展，严格控制汽车数量增长速度，严格督导汽车尾气减排设备的配置，提升汽油和柴油的品质。在发电领域，继续鼓励火电厂大气污染技术减排，不再增加大型火电厂建设。在供热领域，继续对供热设备进行大气污染物技术改造，增设天然气集中供热厂。

4.3.5 基于水环境容量约束的京津冀产业发展分析

基于水环境容量约束，根据亿元国内生产总值的污染物排放量，对印染纺织、皮革和造纸行业（COD为49—66吨/亿元，氨氮为2.2—4.9吨/亿元）采取整个行业关闭转移的政策；对石化、食品和制药行业（COD为10—15吨/亿元，氨氮为1—2吨/亿元）也可以采取整个行业关闭转移的政策，或者采取行业化清洁生产改造、污水处理工艺改进等措施，尤其是对污水直接排入地表水比例仅为16%的制药行业，进行行业化清洁生产改造、污水处理工艺改进是重要的发展方向。

4.4 本章小结

（1）根据产业经济效益、环境承载力和资源效率三者的相互关系建立模型，将研究指标分为两类：资源环境承载力和产业经济发展压力指标体系，并结合当地实际情况，建立了包括人口密集度、年末实有城市道路面积、可利用城市建设用地、可利用水资源量、大气环境容量、水环境容量、研发支出占GDP比重、高新技术产业产值占GDP比重、人口总数、人口自然增长率、城镇人均住房使用面积、全区GDP、人均GDP、第二三

4 资源环境承载力约束下的京津冀产业结构评价

产业产值比重、GDP年均增长率、人均城市建设用地面积、人均耕地面积、人均生活需水量、万元GDP水耗、SO_2排放量、氨氮排放量、COD排放量等22项指标体系。

(2) 采用主成分分析法,对京津冀资源环境承载力——产业经济发展多维度耦合指标模型进行分析,结果表明:资源支撑指标评价结果显示,人口密集度、高新技术产业产值占GDP比重这些成分得分较高,成为影响其大型城市资源承载力的关键指标之一。环境容量指标评价结果显示,水环境容量这一成分得分较高,成为影响其资源环境承载力的关键指标之一。2017年,京津冀各城市资源环境承载力指标体系中排名分别为北京、天津、石家庄、唐山、邯郸、保定、承德、邢台、张家口、沧州、廊坊、秦皇岛、衡水。

(3) 产业经济发展结构指标评价结果显示,GDP、人均GDP、第二和第三产业产值比重这些成分得分较高,成为影响其人口与社会经济发展压力指标体系中的关键指标之一。人口生存压力指标中,人口自然增长率、城镇人均住房使用面积成为影响产业经济发展压力的关键指标之一。以GDP年均增长率为代表的经济发展速度指标和以SO_2排放量为代表的环境污染程度指标,不同程度上影响和制约着产业发展压力指标的得分。2017年,京津冀产业经济发展压力指标体系中排名分别为北京、天津、唐山、石家庄、保定、邯郸、廊坊、秦皇岛、沧州、邢台、衡水、承德、张家口。

(4) 在资源环境的约束下,京津冀地区内矿产资源开发主要集中在燕山、太行山山地水源涵养与水土保持区,坝上高原风沙防治区以及河北东部滨海区域,这些区域是京津冀地区生态屏障的重要组成部分,同样是生态风险高发和较高发区域,矿产资源开发中要根据京津冀地区不同生态功能区特点,推行差别化的管控对策;京津两地产业发展的土地集约度远高于河北省。近几年北京市用地指标使用率偏低,而津冀两地用地指标严重不足,可探索用地指标随同产业转移的异地同步转移新思路;北京和天津水资源利用效率水平整体达到或接近发达国家水平,而河北省水资源利用效率整体水平不高,河北省未来需要进行产业结构调整以实现水资源与经济的可持续发展。

5 京津冀区域各城市多层级空间结构研究

京津冀区域是继长三角、珠三角之后,又一个经济增长极,是我国政治、经济、文化中心。然而,在发展过程中,仍暴露出两个突出问题:首先,区域经济整体实力不强,在人均生产总值和人均可支配收入方面,京津冀远不及长三角和珠三角[146];其次,区域内部发展失衡,在人均生产总值、人均可支配收入、产业布局等方面,河北省远不及京津两市,中心城市的辐射带动作用,在京津也未能充分发挥。而京津冀地区空间结构不合理,核心城市过度集中[147-151],是导致其发展落后于长三角和珠三角的重要原因之一。面对突出的问题和新的要求,通过产业转移促进京津冀空间结构优化,是破解难题的关键[152-154]。

区域空间结构是地区之间经济发展关系的空间映射,同时也直接影响区域经济发展的水平和效率[155]。20世纪20—30年代,便开始了对区域空间结构优化的研究,主要立足区域发展,探讨城镇发展的空间集聚与扩散的过程与模式,城镇之间相互作用的条件与模式,城镇规模的扩大和城镇等级规模的形成及其空间分布等一般规律[156]。国外关于空间结构较为成熟的基础理论主要有中心地理论[157,158]、增长极理论[159]、空间相互作用理论[160]、空间扩散理论[161]、点轴发展理论[162]等,新经济地理学的出现,对于地区空间格局的研究给出了新的研究视角[163-167]。

产业转移通常是指经济活动在空间上的移动,以及对区域空间结构产生的各种影响。国内一些研究产业转移与区域经济空间布局关系的学者,立足我国区域发展的当前实际,主张通过科学的产业转移,从而优化区域经济空间布局。国内学术界关于产业转移与空间结构优化关系的研究并不多,比较有代表性的主要有:庞涓[168]运用梯度转移理论,提出了应当将产业转移作为推动区域协调发展的重要形式。刘远柱[169]研究中提出在区域经济协调发展和区域经济格局优化中区域产业转移起着重要作用。郑重等[170]在研究资源环境一体化的基础上,深入分析京津冀区域发展特征,提出可以通过产业联动实现京津冀区域可持续发展。李春梅等[171]构建了要素流动传导下产业结构优化与产业转移互动关系的理论模型。郭力[172]基于新经济地理模型框架,系统分析了劳动力流动、产业转移对城市产出及城市体系演变的影响机理。

目前关于京津冀区域空间格局的研究主要集中在京津冀区域人口规模差异、经济联系、交通可达性等方面[173-176],运用新经济地理学市场潜力模型对京津冀地区的研究尚属空白。本章运用新经济地理学市场潜力模型,计算京津冀地区的综合市场潜力和各产业市场潜力指数,以期为优化京津冀空间结构及产业布局提供理论参考。

5.1 基于市场潜力模型的京津冀空间格局分析

5.1.1 市场潜力模型的建立

为了表示生产地区位对市场依赖的通达程度,美国地理学家 Harris 提出了市场潜力模型[176]。该模型中市场通达程度采用市场潜力指数表示,其表达公式为:

$$M_j = \sum_k Y_k g(D_{jk}) \tag{5.1}$$

式中:M_j——j 地区市场潜力;D_{jk}——j 地、k 地间的距离;$g(D_{jk})$——距离衰减函数;Y_k——k 地的购买力。该模型中,y_k 和 M_j 成正比,M_j 与 D_{jk} 呈反比。

Krugman 于 1991 年提出的"中心 - 外围"模型[163],该模型与市场潜力模型中给出的工资水平相类似。

$$W_j = \sum_k [Y_k (T_k e^{-\tau D_{jk}})^{\sigma-1}]^{1/\sigma} \tag{5.2}$$

式中:W_j——j 地工资;T_k——运输成本系数(出厂价(FOB)到交

货价(CIF));D_{jk}——j地、k地间的距离;Y_k——k地实际购买力;σ——产品的不变替代弹性;τ——运输成本。

在新经济地理学的基础上 Fujita 于 2000 年构建了新的市场潜力指数表达式[166],此表达式也成为现在常用的市场潜力模型:

$$\Omega(j) = \sum_{h=1}^{1} \left[\frac{\alpha E_h T_x(j,h)^{-(\mu+1)}}{\sum_{k=1} n_k \{W_k^{1-\beta} \Gamma(k)^{\beta} T_x(k,h)\}^{-\mu}} \right] \quad (5.3)$$

式中:Ωj——j地区市场潜力;E_h——h地的购买力;n_k——k地的产品种类;W_k——k地的工资;α——市场分配份额;β,μ——产品替代参数;$T_x(j,h)$——运输成本系数(出厂价(FOB)到交货价(CIF));$\Gamma(k)$——k地价格指数。该模型中,Harris 模型被作为分子部分,空间竞争程度被添加为分母部分,代表 h 地给企业提供市场(j地和其他地区)。

5.1.2 数据来源

研究中使用的数据来源于 2011—2017 年北京、天津和河北三地经济统计年鉴,替代变量为市场购买力、土地价格、产品种类、劳动力工资和成本参照文献[166],分别对应为社会消费品零售额、商品房销售平均价格、工业企业上规模个数、职工平均工资。用指数 $T = e^{\tau Djk}$ 表示运输因子。式中,τ——单位运费;按常数 0.095 元·千米/吨计算运输成本;D_{jk}——距离(j地到k地),主要采用两城市之间公路时间距离、普通铁路时间距离、高铁时间距离求算术平均数来得到各城市之间的时间距离[177](结果见表5.1);替代弹性参数取 $\mu = 3.5$,$\beta = 0.3$;消费支出份额衰减函数 $\alpha = 5 * e^{-0.002 * D_{jk}}$,表示运输流量随空间距离变化[169]。

表5.1 京津冀各城市之间的时间距离(公路、铁路算术平均值)(单位:小时)

城市	北京	天津	唐山	石家庄	廊坊	保定	邯郸	沧州	邢台	秦皇岛	张家口	衡水	承德
北京	0.00	1.21	1.55	2.41	0.69	1.34	3.49	1.81	3.24	2.68	2.89	3.00	3.55
天津	1.21	0.00	1.05	3.91	0.66	2.44	5.56	0.87	5.11	2.28	4.61	3.08	4.51
唐山	1.55	1.05	0.00	5.08	2.26	3.69	5.19	2.17	6.39	1.37	4.88	4.40	2.65
石家庄	2.41	3.91	5.08	0.00	3.91	1.18	1.26	3.26	0.91	6.30	5.74	1.63	7.56
廊坊	0.69	0.66	2.26	3.91	0.00	1.35	5.51	1.37	4.97	4.01	3.98	3.61	5.34
保定	1.34	2.44	3.69	1.18	1,35	0.00	2.32	3.28	2.01	4.86	4.23	2.42	6.33
邯郸	3.49	5.56	5.19	1.26	5.51	2.32	0.00	5.38	0.52	8.56	7.53	3.38	9.27

续表

城市	北京	天津	唐山	石家庄	廊坊	保定	邯郸	沧州	邢台	秦皇岛	张家口	衡水	承德
沧州	1.81	0.87	2.17	3.26	1.37	3.28	5.38	0.00	3.97	4.78	6.27	2.14	5.82
邢台	3.24	5.11	6.39	0.91	4.97	2.01	0.52	3.97	0.00	8.49	7.12	2.74	8.82
秦皇岛	2.68	2.28	1.37	6.30	4.01	4.86	8.56	4.78	8.49	0.00	6.13	6.31	4.12
张家口	2.89	4.61	4.88	5.74	3.98	4.23	7.53	6.27	7.12	6.13	0.00	5.87	6.16
衡水	3.00	3.08	4.40	1.63	3.61	2.42	3.38	2.14	2.74	6.31	5.87	0.00	7.62
承德	3.55	4.51	2.65	7.56	5.34	6.33	9.27	5.82	8.82	4.12	6.16	7.62	0.00

将 2011—2017 年数据带入公式（5.3），得出表 5.2 中京津冀地区城市市场潜力指数；为了对京津冀各城市的市场潜力影响因素进行分析，采用 2017 年数据对京津冀中每个城市的市场潜力贡献率进行计算（见表5.3）。

表 5.2　2011—2017 年京津冀地区市场潜力指数

年份	2011	2013	2013	2014	2015	2016	2017
北京	20.75	27.01	46.60	53.55	58.37	61.19	69.02
天津	12.85	17.96	31.27	38.35	42.46	49.57	57.68
唐山	8.33	11.75	20.98	29.58	36.80	40.03	49.25
石家庄	5.88	7.79	13.16	16.46	20.08	25.54	30.08
廊坊	11.93	16.75	30.02	35.92	40.84	45.79	49.83
保定	6.79	9.23	15.91	20.18	25.46	29.92	37.38
邯郸	4.56	5.98	9.90	11.39	13.96	16.54	19.11
沧州	6.17	8.49	14.78	19.62	23.80	28.97	34.15
邢台	4.41	5.76	9.61	9.84	11.88	13.94	15.98
秦皇岛	4.13	5.73	10.25	12.08	15.05	18.01	20.97
张家口	3.80	5.19	8.87	15.47	19.01	22.55	26.09
衡水	3.92	5.51	9.23	10.77	13.33	15.88	18.44
承德	3.47	4.81	8.35	9.67	12.01	14.35	16.69

表 5.3　2017 年京津冀地区市场潜力贡献率

	北京	天津	唐山	石家庄	廊坊	保定	邯郸	沧州	邢台	秦皇岛	张家口	衡水	承德
北京	79.61	8.44	2.71	1.28	2.69	1.98	0.17	0.71	0.15	0.46	1.01	0.21	0.58
天津	31.12	47.51	9.01	0.74	3.24	2.01	0.33	3.15	0.28	1.03	0.45	0.61	0.52
唐山	29.49	21.68	35.81	1.20	1.85	1.46	0.10	0.63	0.08	4.86	0.51	0.29	2.04
石家庄	15.06	5.21	0.65	54.42	2.01	6.58	7.10	2.04	4.01	0.16	0.43	0.13	2.20
廊坊	65.21	18.02	2.41	0.81	8.03	3.26	1.91	0.03	0.06	0.04	0.02	0.16	
保定	40.21	14.26	1.94	10.2	1.83	22.64	2.01	3.96	1.86	0.39	0.14	0.35	

续表

	北京	天津	唐山	石家庄	廊坊	保定	邯郸	沧州	邢台	秦皇岛	张家口	衡水	承德
邯郸	5.12	2.49	0.24	21.60	0.39	2.49	44.57	1.05	18.66	0.12	0.24	2.95	0.08
沧州	28.37	32.11	4.05	5.21	4.36	5.66	1.20	13.71	0.91	0.70	0.36	3.01	0.35
邢台	7.21	3.16	0.48	23.38	0.41	3.01	23.89	0.14	34.61	0.16	0.34	3.10	0.11
秦皇岛	21.03	12.49	14.66	0.36	1.46	0.76	0.07	0.91	0.06	46.38	0.31	0.12	1.39
张家口	43.22	5.38	2.04	0.96	1.57	1.36	0.21	0.55	0.19	0.29	43.3	0.71	0.22
衡水	28.8	13.01	0.19	17.02	2.99	8.22	6.45	7.11	4.29	0.32	0.36	10.93	0.31
承德	37.01	8.68	12.05	0.61	1.62	2.01	0.09	2.66	0.08	2.34	0.97	0.21	31.67

5.1.3 京津冀地区综合市场潜力分析

从表5.2京津冀地区市场潜力指数分析可以看出，市场潜力呈现以京津为中心，由内向外递减空间分布趋势，可分为3个等级。

第一等级：京津两个城市的市场潜力指数相对值为50—70，属于第一等级。北京、天津作为全国经济发达地区，具有交通便利、资金雄厚、产业规模大、各类人才聚集的优势条件，就此奠定了京津两地的市场潜力在区域内的绝对优势地位[146]。在以后发展中，京津两地应将自身优势产业进一步强化，同时发挥其辐射带动作用，带动整个京津冀区域经济发展。

第二等级：京津周边的城市石家庄、唐山、廊坊、沧州和保定，其市场潜力指数相对值为30—50，属于第二等级。虽然廊坊自身市场规模表现较弱，只占8.03%，但其紧邻北京，区位优势良好，更容易接受来自北京市场的辐射，65.21%市场份额来自北京，仅次于京津的市场潜力。下一步廊坊应充分发挥其区位优势、市场潜力和成本优势，有效承接来自北京的产业转移，将廊坊打造成为北京产业体系的重要组成部分。沧州、保定和唐山的经济基础较好，具备一定市场规模，在河北省各城市中处于前列，而且在北京和天津的周边，有便利的交通条件，能够接受来自北京和天津的辐射。从表3中的数据分析可以看出，沧州、保定、唐山三市在京津的市场份额中分别占60.48%、54.47%、51.17%，说明京津与三个城市之间的市场联系密切，它们可以作为重点区域来承接北京、天津的产业转移，且应结合城市本身的优势条件积极承接北京、天津转移的产业。石家庄本地市场份额为 54.42%，其市场潜力来自当地市场，表明石家庄的经济规模较好，以后的发展中应根据自身的优势产业重点去发展，同时发挥辐射带动作用，带动冀南区域的发展。

第三等级：市场潜力指数相对值低于 30 的衡水、邢台、邯郸、秦皇岛和交通不便的张家口、承德距北京、天津较远。其中，邢台、邯郸本地市场份额分别为 34.61%、44.57%，说明两地本身的市场规模和经济基础较好，两地距离北京和天津较远，受北京和天津的辐射较弱，京津两地的占邢台、邯郸两地的市场份额仅为 10.37% 和 7.61%。但省会城市石家庄距离衡水、邢台、邯郸较近，经济联系较强，石家庄占衡水、邢台和邯郸三地市场份额分别为 17.02%、23.38%、21.60%，所以，衡水、邢台、邯郸三地的产业发展应依赖省会城市市场的辐射带动。张家口和承德作为北京的生态屏障，两地的产业发展受到一定约束，两地经济基础比较薄弱，市场规模较小，但张家口和承德区位优势相对明显，北京对张家口、承德两地的市场贡献率分别为 43.22%、37.01%，因此，张家口和承德在未来发展中应该加强基础设施建设，重点承接北京生态环保产业的转移[146]。

5.1.4 综合市场潜力发展趋势分析

表 5.4　2011—2017 年河北省各城市与北京的市场潜力差距

年份	2011	2012	2013	2014	2015	2016	2017
唐山	12.42	15.26	25.62	23.97	21.57	21.16	19.77
石家庄	14.87	19.22	33.44	37.09	38.29	35.65	38.94
廊坊	8.82	10.26	16.58	17.63	17.53	15.40	17.29
保定	13.96	17.78	30.69	33.37	32.91	31.27	31.64
邯郸	16.19	21.03	36.70	42.16	44.41	44.65	49.91
沧州	14.58	18.52	31.82	33.93	34.57	32.22	34.87
邢台	16.34	21.25	36.99	43.71	46.49	47.25	53.04
秦皇岛	16.62	21.28	36.35	41.47	43.32	43.18	48.05
张家口	16.95	21.82	37.73	38.08	39.36	38.64	42.93
衡水	16.83	21.50	37.37	42.78	45.04	45.31	50.58
承德	17.28	22.20	38.25	43.88	46.36	46.84	52.33

5 京津冀区域各城市多层级空间结构研究

表 5.5　2011—2017 年河北省各城市与天津的市场潜力差距

年份	2011	2012	2013	2014	2015	2016	2017
唐山	4.52	6.21	10.29	8.77	5.66	9.54	37.91
石家庄	6.97	10.17	18.11	21.89	22.38	24.03	18.74
廊坊	0.92	1.21	1.25	2.43	1.62	3.78	40.39
保定	6.06	8.73	15.36	18.17	17.00	19.65	26.04
邯郸	8.29	11.98	21.37	26.96	28.50	33.03	7.77
沧州	6.68	9.47	16.49	18.73	18.66	20.60	22.81
邢台	8.44	12.20	21.66	28.51	30.58	35.63	4.64
秦皇岛	8.72	12.23	21.02	26.27	27.41	31.56	9.63
张家口	9.05	12.77	22.40	22.88	23.45	27.02	14.75
衡水	8.93	12.45	22.04	27.58	29.13	33.69	7.10
承德	9.38	13.15	22.92	28.68	30.45	35.22	5.35

由表 5.4 和表 5.5 分析可知，京津冀 2011—2017 年市场潜力指数呈现增长态势，但京津与河北城市的市场潜力指数差距呈扩大趋势，河北与北京的市场潜力指数 2011 年的差距为 8—18，到了 2013 年为 16—39，2015 年为 17—47，2017 年为 17—54，由于市场潜力受自我强化作用影响，河北各城市与北京、天津的经济差异有被进一步拉大的可能。

综合以上分析可知，京津与河北的市场潜力差距较大，而且在未来发展中这种差距有逐步扩大的态势[146]。因此要实现京津冀优势互补、协调发展，应当充分发挥北京、天津与河北各城市如沧州、唐山、保定、廊坊、张家口和承德的经济联系，加强京津两地的辐射作用，同时京津地区的一些产业有选择地向河北转移。然而北京哪些重点产业转移，哪些适合转移到河北城市，需将各城市产业分工状况进行更深入研究，用以说明各城市自身的主导产业和优势产业，以期为京津冀产业实现合理分工提供数据支撑，为优化区域空间格局提供科学依据。

5.2　京津冀区域空间生产机制探析

京津冀协同发展的理念由来已久，其根源主要是由于京、津、冀三地各自孤立发展、无序竞争，中心城市京津二市（特别是北京）强大的"虹吸现象"导致外围产生了大面积的发展阴影区，主要表现为河北经济发展水平相对低下，在张家口、承德一带集聚了许多国家级的贫困县。可见如何处理好中心城市与外围地区的发展关系，是促进京津冀协同发展的关键所在。

然而，同样为国家中心城市、国际化大都市的上海，其与外围地区的协同程度却很高，中心与外围之间并没有表现出显著的发展落差，区域内城市之间的相互协作、网络化联系程度很高。北京和上海的对比分析非常好地印证了中心城市对外围地区产生的两种截然不同的效应，即产生消极的虹吸效应或积极的扩散效应[178-181]。扩散效应表现为：在某些时段或有些地区，越是邻近中心城市的市（县、镇）往往可以得到优先发展的机遇，很快成长为发展的前沿地带[182-185]。虹吸效应则表现为：在某些时期或有些地区，越是邻近中心城市的城市（县、镇），其发展越受中心城市的抑制、越是落后[186,187]。正是由于消极的虹吸效应的存在，使得中心城市外围的一些区域难以充分成长，而成了典型的"大都市阴影区"[188-191]。

通过对中国区域发展的持续研究与观察[2,188-192]，本报告作者认为：区域（大都市区、城市群等）空间组织的形成并不完全是空间经济发展的自然过程，区域内不同主体间的战略互动具有不可忽视的影响。基于此，研究中引入"空间生产"理论视角，通过分析同为国家中心城市的北京、上海与其外围地区之间的战略互动实践，来解释北京大都市阴影区形成的原因，最后，从促进区域主体间积极战略互动的角度，讨论了减缓、化解大都市阴影区问题的可能路径。

5.2.1 北京、上海与其外围地区的战略互动

上海及其外围的苏南地区构成了长三角地区的核心地带，是中国发达程度最高、协同程度最高的区域之一。而北京与其外围河北地区的关系则形成鲜明反差，北京被一个巨大的贫困带所环绕，形成了典型的大都市阴影区。本节将以这两地为例，从区域主体战略互动角度来探寻中心—外围两种不同的空间生产机制。

5.2.1.1 上海与苏南地区的战略互动过程

上海和苏南地区是互为依托的关系，它们之间的战略互动过程可追溯

至近现代的上海开埠。苏南地区作为上海的港口腹地，成为内地转运的中枢，利用京杭大运河和陆路通道，起到了与上海互动发展的作用，既为上海的海外贸易提供内地原材料转运，也为海外物品贩运到内陆提供水路便利。改革开放后，更是在国家战略的推动下，发挥了历史渊源和地缘相近的优势，实施了一系列的战略互动。

（1）上海浦东开放与苏南开发区对外资吸引。1990年，中央宣布浦东开发开放。1992年中共十四大报告提出，尽快把上海建成国际经济、金融、贸易中心，带动长江三角洲以及整个长江流域复兴，大大提升了上海的门户区域地位。苏南各市以及长江三角洲其他城市，提出了呼应浦东开发开放、主动接受上海辐射的战略。江苏省迅速做出了以开发开放沿江地区为重点的部署。借此，江苏省一方面希望将浦东开发开放作为苏南经济接轨国际的重要捷径，另一方面也希望借助于上海浦东开发开放契机来提升本地招商引资的水平。

为实现这两大战略意图，苏州市于20世纪90年代初就开始建设4个国家级经济开发区和9个省级开发区。通过这些开发区平台无缝对接上海，积极主动打造上海都市区周边的先进制造业基地。由于分享到了上海开放的巨大吸引力，苏南也得到了外资的高度青睐，台资、德资、日资、韩资等纷纷涌入，如苏州工业园、昆山经济技术开发区聚集了大量的台资企业，太仓经济技术开发区聚集了大量的德资企业，无锡高新区聚集的日资企业等，至此苏南地区基本走出了20世纪90年代后"苏南模式"渐入衰退的阴影，重建起以外资为推力的"新苏南模式"[193]，呈现出生机勃勃的发展景象，苏州、无锡迅速成为与深圳并肩的明星城市。通过迅速的战略转型以及有效的行动措施，苏南地区主动利用了上海开放的机遇，重构了其发展模式，从而走出了因为苏南模式衰退而可能走向没落的境地。

（2）上海用地紧张与苏南土地战略支持。20世纪90年代中后期，上海的建设用地日益紧张，地价逐步攀升。随着上海的制造业发展进入成本壁垒高企的阶段，在沪企业开始寻求向外扩张的战略，他们将目光转向了与上海邻近但地价、劳动力和经营成本相对低廉的苏南地区。他们认为，整体搬迁或将生产基地搬迁至苏南地区，不仅可以充分依托上海与国际接轨，而且可以比较有效地降低生产和经营成本。鉴于对市场形势的准确判断，江苏省政府为支持苏南地区的发展，建立了土地指标省内流转的政策，将苏北地区大量后备土地资源变成了农用地，而将大量的建设用地指标腾挪到发展条件更好的苏南地区，以支持苏南地区可以发挥相对上海的土地资源优势，进而吸引在沪企业的转移和落户。

除此之外，为降低苏南经济发展的物流成本，扩大同上海的经济和社会交流，苏南地区加强了同上海的交通基础设施对接。1992年沪宁高速沪苏段率先通车，1995年沪宁高速公路全线通车。随后又陆续改建了沪宁铁路、312国道京杭运河，并修建了城际铁路、高速铁路等交通基础设施，使得苏南地区的交通区位优势更加显著，也使得两地的对接与融合发展更加深入，为"苏南制造""苏南经济"走向全球提供了巨大助力。

（3）上海国际城市战略与苏南城市功能的衔接。2001年中国加入WTO后，上海提出将重点加强现代服务业的发展，推动城市中心区及远城郊区实施"退二进三"的战略，这进一步推动了上海制造业的外迁。2009年上海市外迁的制造业企业占全部企业数的36%，而国际贸易、金融等生产性服务业则在中心城区越来越集聚。2010年国务院正式批准实施《关于上海率先现代化的若干意见》，确立了上海市在中国新一轮改革开放中的龙头地位。随着沪苏两地间高速公路、高速铁路的不断完善，苏南地区同上海进行全方位的对接与协作，上海世博会的成功举办就是苏南地区和上海密切协作的典范工程。苏南地区已经成为与上海中心城市外围高度一体化的发展区域，同时，苏南地区也借助于上海迅速将其生产与贸易网络扩展到全球城市体系之中。

5.2.1.2 北京与河北的战略互动过程

河北在历史上与北京一直保持着行政上的统一，京津冀同属直隶，现在的河北省基本轮廓直接承袭于清朝京师八府所属区域与直隶省。从12

世纪中叶，北京成为首都开始，由于区位邻近，河北开始成为首都粮食供应的储运枢纽和经济辅助地区。近现代，天津一直是直隶河北省的省会，坐拥渤海湾区域中心，扼守漕运咽喉和海河出海口，是华北最大的商港，也是北京的门户和天然出海口。一旦天津水运发生意外，则北京物价飞涨，因此近代河北的商业集散地位对北京而言是非常重要的。

（1）北京范围的不断扩大及河北的行政区划调整。北京在1949年新中国建国初期只有707平方千米，到1958年陆续从河北省划入15703平方千米。1966年天津直辖后，河北开始实施"内陆战略"（见表5.6）。河北省将省会迁回保定，经济发展中心置于保定以南的太行山东麓地带，而未重视沿海地区的对外贸易发展和沿海战略布局[2]。不久又将省会迁至石家庄，内陆发展战略及省会的往复迁移——保定（1949年）→天津（1958年）→保定（1966年）→石家庄（1968年），不利于河北区域经济的整体发展。

表5.6 河北行政区划调整

年份	河北	北京、天津
1950	黑龙潭	划入北京昌平区
1952	宛平县和其他78个村	划入北京宛平区、房山区、良乡县
1956	金盏、孙河、上辛堡、崔各庄、长店、前苇沟、北皋	划入北京昌平区和通州区
1957	新建乡	划入北京大兴区
1957	顺义区中央机场及进机场公路	划入北京市管辖
1958	平谷、密云、怀柔、延庆	划入北京
1966	天津	直辖
1973	蓟州区、保定、武清、静海、宁河	划入天津

（2）河北长期服务于京津的单向战略模式。长期以来，河北省是京津二市的农产品、水资源、原料等供应地，在保证京津发展的重任下，河北省付出了巨大的代价。一方面，在长时期的计划经济条件下，河北省是能源、原材料、工业半成品、农畜产品等输出的一方，在区域经贸格局、产业结构分工中处于弱势的地位；另一方面，京津基本没有建立规范化的渠道以使河北省得到应得的生态补偿，如河北自身是全国水资源最少的省份之一，地表水资源人均占有量是全国人均占有量的1/8，但承德、张家口作为北京的水源地仍需要首先保证首都供水。此外，为了保证首都地区的

环境质量，需要限制河北省的工业发展，环保支出都是由河北省自己承担，直到 2006 年后，北京才逐步向河北省提供有限的资金补偿。

（3）自上而下国家行政机制推动的战略互动。1988 年北京和河北组建了环京经济协作区，建立了市长、专员联席会议制度，设立了日常工作机构，希望推进区域经济合作。20 世纪 90 年代，北京、天津、河北开展了《首都及周边地区生产力合理布局研究》，提出了京津冀产业发展分工的宏观思路，开展了一些自上而下的、有限的产业合作，如北京与河北合作共建京唐港。1993 年河北省借助内环京津、外环渤海的区位，提出了环渤海、环京津和沿交通干线地区率先发展的战略，开始实施以扩大的三大港口（唐山港、黄骅港、秦皇岛港）为支点的对外开放。但是，这三大港口主要是以煤、石油等原材料运输为主，腹地主要是内蒙古、山西、辽宁等原材料大省，与北京并无真正的市场互动。

2004 年国家发改委决定建立京津冀发展和改革部门定期协商制度和高层定期联席会议，联合设立协调机构，并召集京津冀三地的发改委在廊坊达成加强京津冀经济交流与合作的《廊坊共识》。2005 年国家发改委组织编制了《京津冀都市圈区域规划》等。上述战略行动均是从国家层面自上而下通过行政力来推进的，试图建立区域协调机制，与其说是京津冀的互动，不如说是国家顶层的强制协调。在北京和河北的战略互动中，始终没有出现类似于上海和苏南地区之间那样由于市场需求而进行的自我主动协调。

（4）非首都功能的疏解与河北承接产业转移。2014 年，在中央政府的高度重视和强力推动下，京津冀协同发展上升为国家战略。北京提出了城市人口和非首都功能的疏解，要把非首都核心职能的产业发展尽可能地压缩和疏解到周边地区。北京与河北签订了合作框架协议和备忘录，实施交通、生态环保、产业 3 个重点领域率先突破工作方案，将北京现代汽车的第四工厂落户河北，中关村企业在天津、河北累计设立分支机构 1532 个。《京津冀协同发展规划纲要》的出台（2015 年 4 月）和河北雄安新区的设立（2017 年 4 月），标志着北京的战略互动不再停留在纸面上，而是

5 京津冀区域各城市多层级空间结构研究

真正要建立起产业联系、市场来往的互动合作[3]，如图5.1所示。

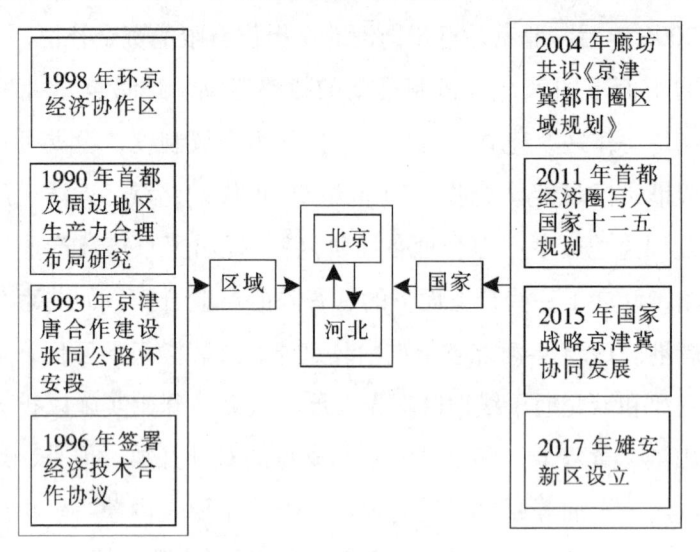

图5.1 北京与河北互动历史

5.2.2 北京与上海周边差异化"空间生产"解析

在回顾两地战略互动过程的基础上，作者从"区域主体间的战略互动作为一种区域空间生产机制"角度，解析上海和北京及外围地区两种差异化空间形成的成因。

5.2.2.1 战略互动差异与差异化的空间生产

上海与其外围地区协同程度较高，以及北京大都市阴影区这两种不同空间形态的形成，同两地区域主体所选择的战略及其互动模式有着直接的关系。尽管两个案例地区都重视发展协调，但上海与苏南地区协调发展的动力基本上是以市场协调为基础、行政力量积极参与的自发协调过程；而北京与河北省的战略互动，长期以来则都是国家行政权力顶层干预推动下的结果。更具体地说，上海与苏南地区之间的战略互动是双向且全方位的，既包括苏沪两地官方层面的施政纲领及基础设施对接，也包括市场层面的企业对接，乃至民间社会文化理念的对接，因此上海及其周边地区总体上是属于相向型战略互动类型。而在较长历史时期内，河北与北京之间的战略互动总体上是十分有限的。北京同河北之间的战略互动主要集中于北京发展所需的资源层面，在产业和社会发展方面，北京和河北则自成体系，各自寻求在内部系统内配置，这种有限向度的互动缺乏来自地方、市场和社会的推动力，因此北京及周边地区总体上属于背离型的战略互动类型。事实上，环京津大都市阴影区的形成，也与河北省在相当长时期内缺乏主动对接京津的精神和能力有较大关系。

两者战略互动状况差异导致的结果是：经过多年的发展，上海同其外围地区之间愈发地融合，即经济上分工合作，在文化上地缘相亲，在社会上密切互动，在空间上一体对接，逐渐缩减发展差距；而北京同其外围的河北地区之间则在经济结构、社会形态和文化理念等方面，均形成了巨大的鸿沟甚至是冲突，发展差距持续扩大。上海和北京的案例，较好地诠释了"战略互动过程作为区域空间生产机制"的理论判断。

5.2.2.2 空间政治作为区域空间生产的深层机制

从上述两个案例中，不难看到空间政治的作用。尽管上海被作为长江流域地区改革开放的龙头，但是在行政上上海与江苏的地位完全是对等的，在市场经济环境下，上海市要从周边地区取得资源、解决发展瓶颈，都必须依赖与周边的江苏、浙江地区进行平等的协商与公平的利益交易，这样就易于形成良性的相向互动关系，双方能在互动中获得双赢，最终形成协同发展的局面。上海及其外围地区所依循的区域空间生产过程，可以被比较形象地概括为一种"大都市区域空间生产"模式。

北京与河北省之间之所以形成背离型的互动类型，同北京作为首都的空间生产政治有关。在计划经济及改革开放早期的较长历史时期内，在将消费城市改造成生产性城市的运动中，北京是新中国的首都，不仅具有政治功能，也要求具有雄厚的工业生产能力，因此北京作为全国重点工业城市、华北地区的工业中心城市，集中了大量的重型工业项目。这些项目运行所需的基础资源如矿产、水、电等，都是由周边地区计划供应的，河北省一直处于为北京工业化发展提供资源的地位。然而，工业化的扩张并未促使北京同河北周边地区组成协同性的地域生产综合体，而是北京借助其行政地位优势，频繁调整行政区划，在自身不断扩张的行政领域内组织产业体系。河北省难以受益于北京工业化的外溢，在不稳定的行政区划背景下，河北将全省发展重点置于冀中南等内陆地区。改革开放后较长时期内，从全国层面看，资源配置逐步实现了市场化，但是保障首都发展仍然是首要的政治任务，计划经济时期形成的首都空间生产政治依然得以延续。中央政府直接介入甚至是主导京津冀的利益博弈，其意在保障北京在区域资源的优先配置，以解决北京发展的资源瓶颈。由于京津周边地区相关资源并不富裕，优先保障京津发展，就意味着一定程度上损失河北周边地区的发展机会，因此京津冀之间在历史上形成了较长时期的零和博弈状态。通过历史性的循环累积过程，北京及其周边地区最终演化成了典型的大都市阴影区空间形态。可见与环上海周边地区不同，北京及其周边地区走的是一条近似"零和博弈"的、首都单中心极化的空间生产模式。

5.2.2.3 减缓、化解京津冀大都市阴影区问题的可能路径

上海与苏南地区之所以成长为高度协同发展的区域，与上海-苏南持续的良性战略互动密切相关；而北京成长为世界城市及其大都市阴影区的同步形成，则与北京及河北之间相互背离的战略互动实践密切相关。从北京大都市阴影区形成的深层机制来看，与北京-河北之间的政治地位不对称以及中央政府强力干预下的首都空间生产政治不无关系，导致当今北京城市的过度膨胀及环北京周边贫困带的形成，某种程度上正是过去较长时期内行政干预不当所引致的结果。而中心城市外围地区的自身发展状况无法脱离国家和地方政策的影响，如保定市曾为河北省省会，距离北京仅150千米，由于行政区域或地方的"政策偏向"是影响大都市发展以及"大都市阴影区"形成的最重要的因素。2017年4月，中共中央、国务院决定在保定设立雄安新区，对于集中疏解北京非首都功能，探索人口经济密集地区优化开发新模式，调整优化京津冀城市布局和空间结构，培育创新驱动发展新引擎，消除都市圈发展阴影，具有重大现实意义。中心城市对外围区域的作用是积极还是消极，很大程度也取决于外围区域自身发展

状况。"大都市阴影区"的形成，是由于外围地区受到相关政策等因素影响而导致了自身发展不充分。如廊坊市在自身发展不充分的情况下，区位越是接近中心城市，越会导致中心城市对其发展要素的吸引和袭夺。而唐山恰恰相反，在自身发展充分的情况下，通过接近中心城市的区位优势，顺利承接了北京、天津的外资和产业溢出。中心城市对外围地区的要素袭夺是可以改变的，外围地区应通过自身的充分发展而削减其负面效应，如近年来承德市利用良好的生态环境和邻近北京的优势，成为京津生态产品和生态服务产业聚集地。消减"大都市阴影区"的负面效应，不仅需要中心城市的集聚与扩散机制的优化调控，更需要处于阴影区中的外围地区采取积极主动的策略。

在推动京津冀协同发展的过程中，应该重视地方层面的发展战略协调与良性互动。京津冀协同发展进入到新阶段，这一时期的京津冀协同发展不应再强调首都北京、天津对于优质资源的集聚，而应更加关心北京和天津功能的有机疏散以及河北对于这些功能的承接，这些措施总体上有利于开启双方双向互动的模式。但是也应注意到在这个过程中，区域内不同主体间行政地位不对等、话语权不对等问题，在新一轮的协调发展过程中，不能将河北作为转移京津落后产能、转移高能耗与高污染产业的承接地，而应该按照合理组织城市功能、促进区域产业合理布局的同时，共同承担起区域产业升级与绿色化改造的责任。总之，京津及其周边地区应走出单中心城市空间生产的误区，以雄安新区的设立、北京－张家口共同承办2022年冬奥会等重大事件为契机，走向一条大北京世界城市区域空间生产的道路。

5.3 资源环境约束下京津冀城市功能定位

5.3.1 资源约束下北京城市功能定位

京津冀协同发展的核心目标就是要解决北京生产功能的过度集聚而导致的"大城市病"，其基本手段是非首都功能疏解，通过疏解非首都功能一方面实现"瘦体强身",通过疏解整治促提升,保障和提升首都功能[194]。另一方面,河北省通过分散承接非首都功能,实现其各地级市经济社会的快速发展;通过集中承接非首都功能,打造新的经济增长引擎,如雄安新区,从而缩小周边地区与北京在经济社会发展上的差距。

北京是京津冀城市群的核心城市。京津冀协同发展纲要指出,京津冀要打造一核、双城、三轴、四区、多节点的空间格局,其中"一核"指的是北京。2010年北京市人均GDP超过1万美元,2017年超过2万美元,按照世行"人均1万美元"的标准,北京早已进入后工业化发展阶段。因此,在空间统筹方面,北京按照后工业化时代的要求,适时调整"三生"空间的组合布局,压缩生产空间、优化生活空间、扩大生态空间,压缩的生产空间通过非首都功能疏解方式向天津、河北两地转移,从而带动周边区域的快速发展。

5.3.1.1 北京在京津冀协同发展中的龙头作用

(1) 三地互投的资本辐射中心。北京在京津冀资本互投中主导作用显著。2015—2017年,北京对津冀企业累计投资达5177.4亿元,是天津对京冀投资额的9.3倍,是河北对京津投资额的7.1倍。在北京对津冀两地的投资中,2662.7亿元投向了天津,占比51.4%,2514.7亿元投向了河北,占比48.6%,对两地投资的比重相对均衡。在北京对天津各行业企业的投资中,对租赁和商务服务业的投资额为1410.2亿元,占比53.0%,排名第一;对科学研究和技术服务业、金融业的投资额分别为381.6亿元和235.8亿元,分别占比14.3%、9.2%,排名第二、第三。在北京对河北各行业企业的投资中,25.6%投向了租赁和商务服务业,投资额为643.0亿元,排名第一;对制造业的投资额为552.9亿元,占比22.0%,排名第二;对科学研究和技术服务业的投资额为303.1亿元,占比12.1%,排名第三。

(2) 科技创新的核心驱动力。2015—2017年10月,北京与河北两地企业的专利联合申请量和联合授权量分别为6718件、4912件,分别占同期三地专利联合申请总量和联合授权总量的50.13%和59.35%；北京与天津两地企业的专利联合申请量和联合授权量分别为5465件、3152件，分别占三地专利联合申请总量和联合授权总量的44.03%和38.08%。北京的科技资源加速辐射周边地区，截至2016年底，中关村企业已累计在天津、河北新设立分公司2709家；2017年北京输出到天津、河北的技术合同成交额达154.7亿元，增长了38.7%。

（3）"高精尖"经济格局，实现产业链条向津冀延伸。北京通过做疏解功能的"减法"，运用腾退空间加快构建"高精尖"经济结构，努力走出了一条减量集约、瘦身健体、提质增效的新路。截至2017年5月，北京累计清理退出高投入、高消耗、高污染、低水平、低效益的"三高两低"的一般性制造业企业1713家；2015—2016年，调整疏解350个商品交易市场，其中2016年共完成了117个，调整疏解建筑面积达160万平方米，调整疏解商户2.8万家，搭建30个产业疏解合作平台，推进产业转移疏解项目53个。自2014年以来，北京受到禁限的行业占地区行业总量的55%，城六区受到禁限的行业比例高达79%，不予办理的工商登记业务累计达到1.64万件，从严调控的制造业、农林牧渔业、批发和零售业新设市场，各主体数分别下降72.75%、26.42%、18.36%，未列入禁限的金融业、文化体育娱乐业、科技服务业的主体数同比分别增长12.77%、26.76%、22.53%。

（4）交通核心地位弱化，网格化交通格局逐步形成。三年来，"轨道上的京津冀"加快打造，市域内国家高速公路"断头路"已基本消除。京津冀交通正由原来的"单中心放射状"通道格局向"四纵四横一环"网格化格局转变，一体化交通网络加快构建。在新机场建设方面，2016年北京新机场加快建设，"五纵两横"外围交通项目全面推进。在城际铁路方面，2020年京津冀城际铁路网总里程将达到约1100千米，其中北京境内约250千米，投资约856亿元。在高速公路网方面，2016年北京高速公路在建里程达184千米，高速公路运营总里程已达1008千米。2017年7月6日，北京开行通往雄安新区的直达动车。未来在京津冀中部核心区主要城市将形成0.5—1小时交通圈，中心城市之间形成1—2小时交通圈，中心城区与周边城镇形成0.5—1小时通勤圈。

(5) 优质公共服务资源外溢，三地公共服务全面对接。在教育方面，2016年，北京市、区两级与津冀各地方共签署教育合作协议21个，实施合作项目30余个，组建了京津冀地区4个高等教育联盟，一批合作学校建设成效显著。在医疗方面，与河北开展了北京-燕达、北京-曹妃甸、北京-张家口、北京-承德4个重点医疗合作项目，累计派出医师1000余人，接受津冀两地进修医师700余人；推动河北燕达医院实现了异地就医直接持卡结算；京津冀医疗机构临床检验结果互认试点首批互认项目27项，纳入互认医疗机构132家。在社会保障方面，建立三地社会保险关系转移接续问题共商机制、跨地区劳动保障监察案件协查机制，社会治理协作更加密切。

5.3.1.2 未来北京可从四个方面发挥龙头作用

(1) 在集中疏解方面。通过集中疏解、集中承载打造首都发展新"两翼"，实现"比翼双飞"，保障"一核"的首都功能得以充分发挥。在集中疏解方面，充分理解党中央、国务院设立首都新"两翼"的目的，有针对性地对"一核"内的非首都功能进行疏解。在通州设立北京城市副中心，将北京市属的党政机构、公共服务等优势资源集中疏解至通州；依托保定的雄县、容城和安新三县打造雄安新区，将中央的一些非紧密的行政机构和事业单位疏解至雄安新区，如央企总部、央属的高等院校、科研院所、金融机构、科技创新资源等。在集中承载方面，打造和发挥"两翼"正常功能为目标导向。人往高处走，当前北京城市副中心建设和雄安新区建设最为迫切是要以人的需求为出发点和落脚点，促进优质教育医疗等公共服务资源在"两翼"集聚，将其打造成京津冀区域公共服务的高地，使得人才愿意去那边发展，从而真正实现功能"输得出、落得下、能生根、能发展"，起到"反磁力基地"的作用。

(2) 在科技创新方面。通过科技创新推动京津冀协同发展形成新动能。北京已成为京津冀区域的"创新磁场"，北京具有创新资源密集、创新成果富集、创新人才聚集等优势，通过科技创新可以推动京津冀协同发展形成新动能。所在科技创新能力的进一步提升方面，依托中关村"金品牌"，重点打造"三城一区"，把研发引领科技和产业发展的原创性成果作为重中之重，加强自身的科技创新能力特别是原始创新能力，打造我国自主创新的重要源头和原始创新的主要策源地，同时提高科技成果的转化率，运用科技前沿成果打造产业链的高端环节。此外，加强对周边地区的科技辐射能力。破除京津冀区域内的技术"孤岛"现象。积极推动中关村在津冀办分园、培育科技型的中小企业和建设科技企业孵化器等，促进创新资源的流动与共享，使科技创新成果在津冀应用转化，促进创新链、资金链、园区链、产业链和政策链的深度融合，打造三地基于创新资源、产业优势和实际需求的共同体，形成协同创新的内生动力，进而以协同创新促进协同发展。充分利用北京中关村、河北雄安新区、天津自贸区等在国家政策上的优势，实现优惠政策在区域内的共享。一方面，实现中关村的科技创新政策向雄安新区的延伸，建立中关村雄安园区，打造基于品牌输出、政策延伸和优质资源共享的发展模式；另一方面，促进雄安新区未来的一些优惠政策在区域内延伸等。

（3）在公共服务方面。提高周边地区尤其是雄安新区的公共服务水平。从疏解非首都功能的角度，过于集中的公共服务资源使得北京在城市运行过程中存在着不堪重负的情况，将所有北京当前公共服务资源中面向全国的服务资源向周边疏解，如在医疗卫生资源方面，将集中服务全国患者的优质三甲医院迁往周边地区，摘除北京全国"看病中心"的帽子；在教育资源方面，把主要面向全国的优质教育资源如教育部直属院校和一些中小学向周边疏解，摘除北京全国"上学中心"的帽子等。从推动京津冀协同发展的角度来看，京津冀三地公共资源分布不均衡，使得流向周边地区的人才、企业难以做到"引得进、落得下、用得好"。加快构建优质公共服务共建共享的机制与格局，加快京津、京雄以及北京与河北其他条件成熟的区域等的同城化步伐，实现上学、看病、就业、公交等一系列同城

■5 京津冀区域各城市多层级空间结构研究

化待遇,从而促进周边原有的公共服务资源升级。

(4)在大基建项目建设方面。通过大项目带动京津冀协同发展。依托首都新机场项目,建设临空经济区,推动现代航空服务业、航空会展和培训等产业发展,为京津冀协同发展中的新兴业态与商业模式提供基础支撑;依托京张冬奥会项目,积极推动产业梯度转移与协作,实现与张家口部分区县基于特色农业、林业、旅游会展、绿色能源等领域的合作,大力发展体育文化、旅游休闲、会议展览等产业,带动张家口经济发展。另外,北京应主动加强基于大项目共建、共管的体制机制建设,建立精简统一高效的管委会,完善收益共享、成本分摊、风险共担的一整套责权利对等的制度,研究共同出资组建企业化运营的开发建设平台,以此作为大项目推进的基础和保障。

5.3.1.3 资源环境约束下提升北京城市功能的路径

(1)设立生态涵养区,保障北京生态安全。以资源环境承载能力为硬性约束,控制城市发展规模,为城市减重、减负和减量发展。对城市人口规模、建设规模实施双控,实施倒逼的发展方式促进产业结构升级、优化调整。到2020年,城市常住人口规模基本控制在2300万以内,2020年以后将人口稳定在这一水平;城乡建设用地规模减少到2860平方千米左右,2035年减少到2760平方千米左右。严守人口总量上限、生态控制线、城市开发边界三条红线,划定并严守永久基本农田和生态保护红线,解决北京日益突出的人口和资源、环境矛盾,更好地实现可持续发展。将门头沟、平谷、密云、怀柔、延庆以及昌平、房山的山区设立为生态涵养区,大幅提高北京生态规模与质量,加强浅山区生态修复与违法违规占地建房治理,提高平原地区森林覆盖率。积极推进北京的生态修补和修复,实现生产空间集约高效、生活空间宜居适度、生态空间山清水秀。

(2)疏解非首都功能,留白增绿。北京的规划中强调优化城市功能和空间布局,为提升首都功能、提升发展空间腾出空间。根据北京市内不同地区的功能定位和资源环境条件,形成"一核一主一副、两轴多点一区"

的城市空间布局，促进主副结合发展、内外联动发展、南北均衡发展、山区和平原地区互补发展。北京市目前总建筑面积达到17.2亿平方米，其中2亿平方米属于违章建设。加上新立项的21亿平方米建筑规模，已经远远超过了北京市的资源环境承载能力，因此要进行疏解腾退空间利用的引导，进行城市减量发展，转变发展理念。

(3) 治理大城市病，改善环境质量。加强城市公共交通的供给能力，坚持优先发展交通的战略，鼓励绿色出行，缓解交通拥堵的现状，促进交通和城市协调的发展。对污染物的排放总量进行严格控住，防治大气、水、土壤的污染。同时加强海绵城市建设，构建国际一流的、城乡一体的市政基础建设体系。在城市治理方式创新方面，"加强精细化管理，在精治、共治、法治上下功夫"。"精治"治理要管好主干道、大街区，治理好每个社区、每条小街小巷小胡同。"共治"管理中要动员社会力量参与城市治理，"法治"管理中注重运用法规、制度、标准管理城市。构建权责明晰、服务为先、管理优化、执法规范、安全有序的城市管理体制，推进城市治理体系和治理能力现代化。

5.3.2 资源环境约束下天津城市功能定位

天津是中国四大直辖市之一，地处华北平原的东北部，市域面积1.19万平方千米，海域面积3000平方千米，常住人口1556.87万。海陆空交通便捷，铁路、公路四通八达。天津依托滨海新区开发开放优势，近些年发展迅速，已经成为京津冀乃至我国北方地区发展的新引擎。相比较而言，河北省的11个城市发展滞后。以经济总量（GDP）指标为例，2017年，京津冀区域13个城市中，经济总量最大的北京市（2017年实现生产总值28000.4亿元）是经济总量排名第二的天津市（2017年实现生产总值18595.4亿元）的1.5倍，是经济总量最小的衡水市（2017年实现生产总值1550.1亿元）的18.1倍。2017年天津高新技术产业完成工业总产值增长18.4%，规模以上工业战略性新兴产业增加值增长3.9%。符合产业升级和市场要求的新产品生产形势较好，其中，碳纤维增强复合材料、太阳能电池、锂离子电池、集成电路、服务机器人和城市轨道车辆产量分别增长29.3%、27.9%、26.6%、14.2%、3.5%和2.3%。建成7个国家级新型工业化示范基地，产业聚集效应进一步显现。实现京津冀协同发展，缩小发展差距是关键。而在这一过程中，天津需要发挥关键的"承上启下"作用。因此，准确把握天津在京津冀协同发展中的功能定位，有针对性地提升天津的城市功能，不仅是推动天津发展的重要举措，也是实现京津冀协同发展战略的关键环节。

5.3.2.1 天津在京津冀协同发展中的优势

在推进京津冀协同发展的进程中，天津主要有以下五个方面的优势：

一是优越的自然区位。天津东临渤海、北依燕山、面向东北亚，腹地广阔。是欧亚大陆桥距离最短的东部起点，是联系国内外、连接南北方、沟通东西部的重要通道。特别是紧邻首都北京，具有独特的区位优势。海陆空交通便利，天津港排名国内第三、世界第四，是首都北京的海上门户，2017年天津港吞吐量超过5亿吨。天津机场二期已竣工投入使用，可以服务和承接首都机场的溢出分流需求。

二是丰富的自然资源。天津有着丰富的油气资源、充足的海盐资源、大量的金属、非金属矿产资源、地热资源和潜力巨大的土地资源。

三是雄厚的产业基础。天津作为我国近代工业的发祥地之一，产业门类齐全，配套能力较强，经过多年发展，已培育和形成了一批优势支柱产业。特别是京津产业新城等平台建设相对成熟，在功能布局上相互补充、相得益彰，为首都功能疏解提供了重要的保障。

四是良好的政策环境。滨海新区作为全国综合配套改革试验区，是政策创新最为集中的区域之一。再加上申请设立自由贸易试验区，积极探索促进投资和服务贸易便利化综合创新试验，政策叠加的综合效应明显。天津自贸区处于"一带一路"的重要战略节点上，是联系中蒙俄经济走廊的重要交通枢纽。天津在综合配套改革、对外开放、自贸区建设、港口物流、先进制造业和研发转化等方面具有一定优势，并先后在行政许可、产业扶持、金融改革创新、人才引进等方面出台了一系列优惠政策，形成了部分优势产业集群效应，力争在促进区域协调发展中发挥更大作用。

五是突出的开放优势。天津是北京最近的出海口，是最早开放的沿海城市之一。开发区、保税区、综合保税区、保税物流园区、东疆保税港区日臻完善。依托天津港这一核心战略资源，不断完善开放型经济体系，在推进功能区开发建设、吸引海内外投资、扩大对外经济技术交往联系等方面进行了积极探索，为临近地区走向国际市场提供了便捷的绿色通道。

5.3.2.2 京津冀协同发展战略框架下天津城市功能的定位

2014年，京津冀协同发展被提升至国家战略高度。习近平明确提出，要按照优势互补、互利共赢、区域一体原则，加快走出一条科学持续的协同发展路子来。按照上述原则，协同发展战略对区域内三省市进行了更为明确的功能定位。图5.2显示了天津在京津冀协同发展中的定位关系。

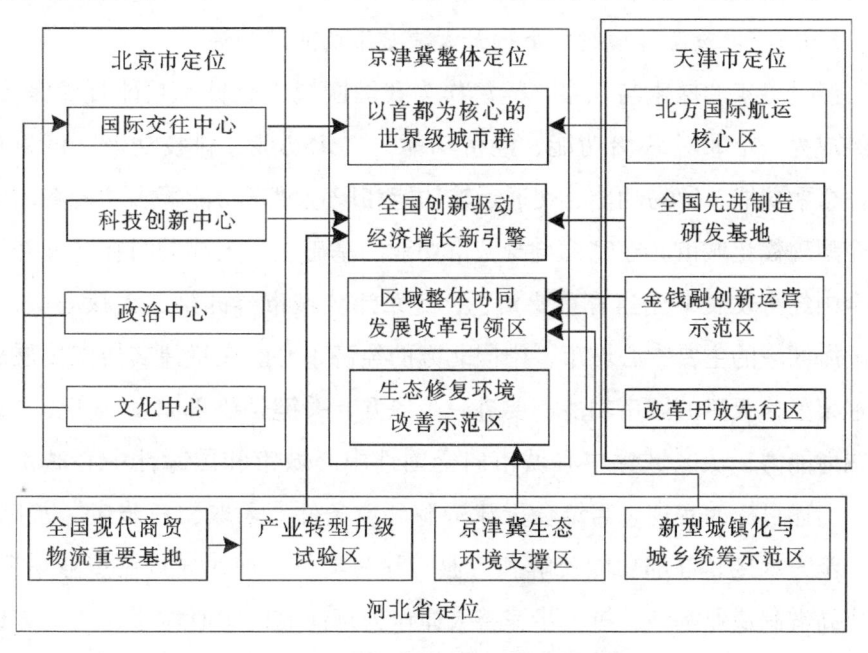

图5.2 京津冀协同发展中天津的定位

图5.2表明，天津市在京津冀区域协同发展战略定位中肩负着艰巨的任务。其中"北方国际航运核心区"功能是支撑京津冀打造成为世界城市

5 京津冀区域各城市多层级空间结构研究

群的主要力量,要求天津与北京共同唱好"双城记",以天津港为依托,不断提升对外交流的载体功能,打造东北亚主要航运枢纽,提高在世界城市体系中的地位;"全国先进制造研发基地"功能是支撑京津冀区域成为全国创新驱动经济增长新引擎的重要力量,天津在现有基础上,以承接非首都功能转移中的高端制造业和科技成果转化型企业为契机,对传统制造业进行转型升级,增强自主研发和创新能力,打造成为世界级高端制造业基地,实现从"天津制造"向"天津创造"的转变。"金融创新运营示范区"和"改革开放先行区"功能是支撑京津冀建设区域整体协同发展改革引领区的重要力量,要求天津继续利用好滨海新区先行先试的政策优势,不断推动体制机制创新,增强改革示范作用。同时,以自由贸易区建设为契机,加快对外开放步伐,实现更大范围内的商业和金融集聚,打造对外经济交往新平台。

5.3.2.3 资源环境约束下提升天津城市功能的路径

经过多年的探索与积累,天津作为我国区域中心城市功能日臻完善,已经成为一个兼具政治功能、经济功能、文化功能、科技功能、信息功能、金融功能、贸易功能、交通运输功能和职业教育功能等多功能在内的复合型现代化城市。在完善自身城市功能的基础上,天津同时在区域经济和全国经济发展中充当着重要角色,是京津冀城市群的第二大核心城市,环渤海区域的主要中心城市,中国北方的经济中心。在京津冀协同发展战略框架下,天津的城市功能需要进一步提升,关键是要巩固发展实力、提高辐射能力,从区域性中心城市向全国性中心城市和国际性中心城市迈进。上述目标的实现,需结合天津资源环境条件,采取"三步走"战略:第一步,承接非首都功能疏解和产业转移为契机,加快先进制造业集聚,形成高端制造业基地,进一步完善天津作为京津冀的中心城市和"北方经济中心"功能;第二步,加快生产性服务业空间集聚,形成规模优势,发挥自身作为国家级中心城市的功能辐射能力(因为与长三角中心城市上海,珠三角中心城市广州、深圳相比,天津作为全国性中心城市的发展效应不明显);第三步,推动城市核心功能的转型升级,建设世界级城市群中心城市。即以北方国际航运中心建设为基础,将天津打造成为国际性的交通运输枢纽、世界贸易中心和国际金融中心[195]。具体可以采取以下措施:

(1) 以现有资源为依托,推动产业转型升级,实现创新驱动。当前,我国经济发展进入"新常态",传统经济增长动力不足,供给侧结构性改革不断深化。通过创新提高供给质量和效率,培育发展新动力,撬动发展新潜能,是天津巩固经济实力、创造发展潜力的有效途径,也是全面提升城市功能的基础。在京津冀协同发展战略框架下,天津应以承接非首都功能转移为契机,不断创新发展方式,探索出一条内涵式创新发展之路。结合天津现有的资源条件,应加强以下三方面工作:第一,做精做强现有的战略性新兴产业,将生物医药、高分子材料、航空航天等产业建设成为具有区域特色的专业制造基地;第二,加大传统制造业技术改造,将建设科技研发基地与承接首都制造业转移相结合,不断扩大规模优势,形成高端制造业集聚区;第三,进一步调整优化三次产业结构,提升城市产业分工水平,推动生产性服务业发展,形成生产性服务业集聚优势。

(2) 优化布局城市功能,实现市域协调发展。改革开放以来,天津的崛起先后归因于中心城区的繁荣和滨海新区的腾飞。但在"新常态"下,继续发挥二者的增长潜力面临诸多困难,发展方式转型升级的时间成本较大。在京津冀协同发展战略框架下,天津的远郊区被赋予了新的职能,即打造成为国际化大都市群的卫星城。同时,天津较中心城区和滨海新区存在更大的潜力空间。充分发挥郊区的巨大增长潜力,能够为天津城市功能的完善和提升注入新的增长动力。具体而言,在天津的东丽、西青、津南、北辰四区发展基础好,可以着力打造成为城市副中心,缓解中心城区发展压力,为中心城区实现更高程度的生产性服务业集聚提供足够的空间;武清、宁河、宝坻三区与京津联系紧密,可依托产业园区着力打造成为京津冀区域的"微中心";蓟州、静海两区自然条件较好,培育生态涵

5 京津冀区域各城市多层级空间结构研究

养区，布局健康产业，在绿色发展中实现发展新突破。

（3）践行绿色发展，规划"南北生态"新环境格局。着眼天津未来长远发展，着眼优化空间布局、提升城市功能，结合天津市自然基础，以重要生态功能区为支撑，以人文遗迹、历史古迹与村落、城市绿色空间、大型居住区、重要城镇空间、交通枢纽为衔接点，构建中心城市范围内的绿道网络系统；以郊野公园、森林公园、自然保护区等为生态节点，以东、西两条生态带建设和一级河道治理工程为契机，增加生态连通度，构建市域生态廊道，最终形成由"碧野环绕、绿廊相间、绿斑镶嵌、生态连片"的发展愿景。

表5.7 天津市生态系统重要服务功能与空间战略对应关系

重要服务功能	空间战略
防止城市无序蔓延，引导城市有序发展	建设中心城市绿网
承担区域防治风沙灾害的功能	建设西北部防风阻沙生态带
持续维持沿海防风暴潮等减灾功能	建设东部滨海防护生态带
保证生物多样性和动植物栖息地生境的延续	控制市域主要一级河道两侧的生态走廊
涵养水源、保护生物多样性和森林资源	划定一区，即蓟州区山地生态保护区
作为东亚-澳大利亚候鸟迁徙线路上的"中途站"，保证候鸟迁徙路径和栖息地的存在	划定两区，即七里海—大黄堡洼生态保护区和团泊洼水库—北大港水库生态保护区

（4）加快对内对外开放力度，实现开放发展。新常态下，加快提高对内对外开放水平与质量，是天津巩固北方经济中心功能、深化全国性中心城市功能和培育世界级中心城市功能的必然选择。天津的对内开放包括两个层面：一是在京津冀层面，不仅要为北京非首都功能的疏解创造条件、打通渠道，还要实现对河北省的扩散（加强辐射）和对雄安新区建设的支持；二是在国家层面，一方面要加强与长三角、珠三角核心城市的经济联系，吸引发展资源，拓展发展空间，同时加强与中西部地区的经济联系，提升在全国城市体系中的中心城市功能。进一步扩大对外开放，是推动天津未来发展的关键因素。在现有的对外开放基础上，天津需要做好以下四个方面的工作。一是以中国北方国际航运中心为依托，加强基础设施建设；二是以自贸区建设为契机，扩大对外开放范围，提高对外开放水平；

三是充分发挥"一带一路"重要节点城市的作用,加强与周边国家(地区)的经济合作与交流;四是以建立区域金融中心为起点,与北京合作加快金融创新和金融体制改革步伐促进金融对外开放。

(5)全面提升城市载体功能,实现共享发展。天津要实现城市功能从区域中心向全国中心乃至世界中心的升级,必须着力提高城市的集聚和辐射能力。城市发展环境是影响城市集聚辐射能力的关键因素,包括硬环境和软环境。硬环境主要指能源动力、水利、交通、通讯、生态环保等基础设施等公共服务,软环境指城市的制度和文化环境。一方面,天津需要继续加大基础设施的建设力度,尤其是打造成为国际化的立体网络化交通枢纽,为人口和产业的集聚扩散提供便捷条件;扩大教育、医疗等公共服务的覆盖力度,让所有居民能够共享城市发展成果,增强凝聚力。另一方面,天津需要营造良好的文化氛围和有利于创新创业的制度环境,吸引高层次人才,特别是领军型高端人才进津。

(6)全面深化供给侧结构性改革,加快体制机制创新。天津近二十多年的快速发展既是得益于国家的改革开放政策,也是得益于天津不断创新的自我发展能力。天津作为全国改革开放的排头兵,体制机制创新不仅具有政策优势也有实践经验。推动天津城市功能持续升级,仍然需要以不断的体制机制创新为保障。天津应该进一步加快体制机制创新步伐,继续担负起改革创新试验田的重任,为京津冀区域实现集约式、内涵式发展探索出一条切实可行的新路子。为此,一方面要注重充分发挥市场的决定性作用,有序引导市场机制作用的发挥,营造良好的市场竞争环境。另一方面,要不断推动行政管理体制创新,推广行政管理体制改革中的"十个一"做法,进一步简政放权,为企业创造宽松的营商环境;加快金融贸易等体制改革创新步伐,为建设世界级的金融中心积累条件。

5.3.3 资源环境约束下河北省的功能定位

5.3.3.1 京津冀协同发展下河北省经济策略

2015年8月颁布的《京津冀协同发展规划纲要》中,对河北省的定位为"全国现代商贸物流重要基地、产业转型升级试验区、新型城镇化与城乡统筹示范区、京津冀生态环境支撑区"。河北省应充分利用相对广阔的地域资源发展商贸物流，承接来自北京的商贸物流以及服务业的大幅转移，并接受京津的科技扩散和高新产业链条延伸，加快实现自身产业转型升级，同时，还需要做好环境建设，成为京津冀的生态屏障支撑。

河北省融入协同发展的总策略，是依据国家《京津冀协同发展纲要》，在与京津取长补短的发展中，实施河北省的产业发展策略、城镇发展策略和体制机制改革策略。

河北省的产业发展策略，是要在认清与京津经济发展差距的基础上，积极借力京津产业的转移并进一步实现与京津的产业互动。由于京津的产业结构有重大的差别，河北借力京津的产业发展要有完全不同的策略。北京在京津冀协同发展中，首先要疏解其非首都城市功能，转出第三产业主要是中低层次的服务业，因而北京对周边地区最大的辐射就是服务业的辐射，河北省应该充分利用这一机遇，承接和发展自身的商贸物流业和服务业。而河北省借力天津的产业发展和产业互动重点在第二产业。天津在国家《京津冀协同发展规划纲要》中要建设先进制造研发基地，就会将一般制造业向周边地区进行转移，河北省应该抓住这种转移机遇，承接天津一般制造业的工业转移，积极进行第二产业的转型升级。

河北省的城镇发展策略，是要在认清京津冀城镇层级关系的基础上，积极实现与京津的城镇建设互动。河北省依据国家《京津冀协同发展纲要》，重点发展石家庄、唐山、保定、邯郸等区域性中心城市，培育京津冀区域在河北省的节点城市，重点发展一批特色中心城镇，并对每一类城市进行功能定位，形成城镇层面的功能发展体系。在正确认识自身产业、城镇发展定位的基础上，深入剖析河北省各城市的发展优势与劣势，从发展优势中寻找和北京、天津协同度高的产业、城镇，进而进行优先发展。对于和京津协同度较低的城市，分别明确其实现协同发展的经济增长能力，积极发掘和创造条件使其融入协同发展的行列。

作为实现协同发展保障的体制机制改革策略,是要在认清河北省市场化程度现状的基础上,继续加快市场一体化体制机制建设,基础设施一体化体制机制建设,公共服务一体化体制机制建设,生态保护和环境改善一体化体制机制建设。其中,要格外注重四方面一体化建设的机制形成和政策功效,在机制体制上逐渐实现京津冀的一体化水平。

总之,河北省的经济总策略,总的目标是不断提高其经济发展水平,进而促进京津冀协同发展的能力,为实现国家纲要的总目标做出更大的贡献。

5.3.3.2 京津冀协同发展下河北省经济空间结构

京津冀协同发展中,河北省为了更好地和京津融合并达到协同一致,必然会从产业发展、城镇发展、一体化体制机制建设等方面制定全面策略进行区域经济发展,这样,河北省的区域经济空间结构也将发生变化。未来河北省在京津冀协同发展中,在经济空间上将会分为几大重点部分进行发展。环京津核心功能区:紧邻京津的保定和廊坊由于其区位优势和自身的发展基础,会承接北京的新兴服务业和区域性物流业,成为河北省产业结构更加优化的区域和技术的引领区;冀西北生态涵养区:紧邻京津的张家口和承德,由于其生态屏障地位决定其将会成为利用京津巨大市场重点发展绿色农业和现代服务业的城市;冀中南功能拓展区:冀中南的石家庄、邢台、邯郸、衡水等四个城市,由于和京津并未紧邻,应该利用自身的产业优势,继续突出各城市的主导产业,石家庄重点发展高新技术的先导产业,邯郸、邢台重点发展建材,邢台、衡水重点发展纺织、食品;沿海率先发展区:沿海的秦皇岛、唐山和沧州三个城市,由于其优越的港口地位,应该成为河北省甚至京津的重工业、海洋产业的重点发展地区,突出产业的外向型特征,并被建设成为河北省沿海对外开放的地区,紧密和京津的经济联系与合作。

5.3.3.3 资源环境约束下提升河北省各城市功能的路径

(1)京津冀协同发展的基本要求。京津冀城镇的发展中一直存在着分工定位模糊的问题，这是因为，天津和北京两个城市之间的距离只有130千米，在世界上也很少有两个超大城市距离如此之近的例子。正因为如此，京津两大城市的部分功能交叉，存在一定程度的同质竞争。长期以来，京津冀三地处于地域分工不明确的状态，北京和天津城市两大城市都在追求京津冀甚至是全国北方经济中心地位，影响到河北省的功能定位也模糊不清，从而导致京津冀三地合作不能真正运行。三地应有明确分工，并在产业上形成互补态势，但是，实质上京津冀三地的城市间合作关系比较淡弱。

《京津冀协同发展规划纲要》明确了京津冀三地的具体功能定位，为京津冀三地的发展指明了方向和重点，尤其是对于河北省的发展具有重要意义，由于河北省处于京津的腹地位置，确定功能定位后，可以在京津明确的功能定位前提下发挥自身优势借力京津进行发展，最终形成京津冀的良性互动。

（2）重点发展和京津接档的区域性中心城市。京津冀区域，北京是一个大的"极核"，北京和天津又是两个大的中心城市，这两个大中心城市也是巨型城市；其次河北省区域性中心城市确定为石家庄、唐山、保定和邯郸，石家庄和唐山是大型城市，而保定和邯郸刚跻身大型城市行列，再次就是七个中型设区城市，再次就是县级小城市。可以看出，巨型城市和大型城市之间出现了断层，从而城市发展格局形成了"大集中、小分散"的特征，这造成的最直接的后果就是城市职能雷同，彼此之间的协同联系性较为薄弱。而这种"小分散"的特征主要分布在河北省省域内。也就是说，京津两大中心城市过于庞大，而位于腹地河北省的城市过于弱小和分散，不同规模城市没有形成合理分工和分布布局，城市群规划结构存在明显断层。基于此，在城市发展方面，河北省应该下大力气将优势资源和优质要素集中到区域性中心城市，强化现有的石家庄、唐山、保定、邯郸区域性中心城市的发展，将其建设成为强区域性、强中心主导的特大型城市，和京津两大城市接档。

资源环境承载力约束下京津冀产业转移路径研究

①重点加强保定的发展，形成京津保三角区域的大首都中心区。京津冀区域，北京、天津、河北省的十一个城市呈现不同的发展特征。北京近几年基本保持着现有的城市规模、控制城市人口增长，但是"大城市病"问题依然凸显，迫切需要向周边的强中心、城市疏解部分城市功能；天津在完善城市空间布局的同时，也在适度控制城市过快发展。无论是北京还是天津，城市的功能都需要有序向外疏散，但是目前京津之外没有区域性的强中心城市来和京津接档，从历史渊源看，保定是首都的南大口，曾长期承担京畿地区的行政管理和服务功能，与天津曾同属一个行政区域，渊源深厚；从区位条件看，保定市区距北京140千米、距天津150千米，具有绝对的区位优势；从产业发展来看，保定产业结构较为合理，新能源等战略性新兴产业和现代服务业发展势头较好；从交通基础看，保定拥有京广、京九、京昆和保津、廊涿五条城际大通道，交通十分便利；从生态发展看，保定拥有相对充足的水资源和白洋淀等众多洼淀湿地；从发展空间看，保定地处山前平原，空间条件广阔。因此，保定有条件被打造成为京津冀区域的特大型强中心城市，从而成为承接首都部分行政机构、事业单位和高等教育、科技研发、医疗健康等机构转移的城市。

②重点发展石家庄，推动石家庄成为京津冀区域的"第三增长极"。石家庄作为河北省会城市，在规划的2206平方千米城市规划区范围内已形成了251万人口的中心城区，并进一步拓展了正定新区、空港新城等发展空间，初步构建了良好的城市发展格局。石家庄具有良好的产业基础，其重要的战略性新兴产业和先进制造业的发展呈现了很好的态势，综合交通基础设施较好，凭借其优势能够建设成为承接京津区域性物流中心城市，并有条件建设成为京津冀城市群南部区域的经济中心、科教文化中心、创新成果转化基地和综合交通枢纽，与邯郸、邢台、衡水形成冀中南城市群。因此，河北省应重点打造石家庄，推动石家庄成为京津冀区域的"第三增长极"，形成京津向南辐射的一翼。

③重点发展唐山，将唐山建设成为京津向东辐射的另一翼。唐山市产

业基础实力雄厚，随着曹妃甸区的进一步建设，唐山有条件建成京津冀城市群的东部经济中心，加之其环渤海重要港口城市的地位和重要的新型工业化基地的地位，都使得唐山成为京津产业转移的第一选择城市，并且能够和天津滨海新区一起构建成为环渤海现代重化工基地、高端装备制造业基地。因此，河北省应重点打造唐山，将唐山建设成为京津向东辐射的另一翼，和石家庄一起成为京津冀城市群的重要两翼城市。

④重点发展邯郸，推动邯郸成为京津冀与中原经济协作区的纽带。邯郸是河北省的区域性中心城市，属于河北南部城市。邯郸最大优势在于地处晋冀鲁豫四个省份的交界，其交通枢纽地位非常重要，因此，河北省应重点发展邯郸，将邯郸建设成为京津冀区域中重要的工业基地，为河北省和京津的协同发展提供重要的支撑，进而推动邯郸成为京津冀与中原经济协作区的纽带。

(3) 努力培育具备协同发展功能和集聚能力的多节点城市。廊坊、秦皇岛、张家口、承德、沧州、衡水、邢台7个城市为京津冀区域的三级中心城市，这些城市是京津冀区域的节点城市。由于这些节点城市的城市发展实力都不强劲，因此，河北省应该因地制宜，根据每个节点城市的特点和优势进行重点发展和培育。

①重点培育廊坊城市发展，建设京津廊城市发展轴。廊坊以其紧邻京津得天独厚的优势，成为承接京津城市功能的河北省重要节点城市，其建设的高新技术产业基地、战略性新兴产业制造基地、现代服务业基地和国家创新城市、生态宜居城市等都为承接京津部分功能提供了较为充足准备。廊坊和京津之间的交通非常发达，京津高速、京津城际铁路十分便利，因此，河北省应重点培育廊坊城市发展，进一步增强廊坊"京津走廊"的节点城市聚集、连接功能，廊坊产业新城和北京新机场临空经济区、天津武清新城区建设为连片载体，使得廊坊和京津成为现代服务业密集带和都市休闲走廊，增强这一发展轴的辐射带动作用。

②重点培育秦皇岛港口城市发展，为京唐秦发展轴提供有力支撑。秦

皇岛位于京津冀协同发展中的京唐秦发展轴上，是一个重要的节点城市，应该依据其港口优势培育壮大装备制造业、区域性商贸物流业向轴带聚集，打造沟通华北与东北的物资运输大通道，秦皇岛还应被建设成为京津高新技术成果转化基地和高端服务业聚集区、蓝色经济发展先导区、国际滨海文化旅游名城，进一步发挥节点城市对周边城市的辐射和带动作用。

③加快张家口、承德的京津生态涵养区建设。张家口、承德居于京津冀区域特殊的生态地位，因此，城市的发展应该确定在重点建设绿色制造业基地、清洁能源基地、生态产品供给基地、生态休闲观光和历史文化旅游目的地等方面。其中，打造绿色制造、文化旅游、健康养老等功能发展应该放在重中之重。

④重点培育沧州港口城市发展，将沧州发展成为滨海型产业聚集区。沧州是京津冀区域重要的港口城市，也是河北省的区域性节点城市，沧州渤海新区的建设使得沧州的港口城市地位日趋重要。河北省应重点培育沧州作为港口城市的发展，将沧州建设成为能源原材料保障基地、北方物流集散中心、重要出海口和东南部经济增长极，和天津进行港口产业、经济的对接。

⑤重点建设衡水城市发展。依据衡水自身优势，重点将衡水建设成为绿色农产品产业化基地、特色制造业基地、湿地生态旅游和休闲养老基地、滨湖园林城市。

⑥重点建设邢台城市发展。提升邢台的节点城市功能，将邢台建设成为环保产业基地、科技成果转化基地、农副产品精深加工基地和先进制造业基地。

河北省培育廊坊、秦皇岛、张家口、承德、沧州、衡水、邢台7个节点城市，应该以增强其支撑能力为重点，根据城市资源禀赋和比较优势，培育发展各具特色的城市产业体系，强化城市间专业化分工协作，增强功能衔接、优势互补能力，从而进一步提高节点城市要素集聚能力，综合承载力和服务能力，有序推动产业和人口的集聚，建设成为地方公共服务和产业中心,与京津城市形成科学优化的层级发展关系。

5.4 本章小结

为全面推进京津冀协同发展,形成空间格局合理、各类产业优化配置的发展格局。本章首先采用新经济地理学的市场潜力模型,通过京津冀各城市2011—2017年数据定量分析了各城市的市场潜力、市场潜力贡献份额及市场潜力差距;而后基于空间生产理论,讨论了减缓、化解大都市阴影区问题的可能路径;在此基础上结合京津冀城市特点和优势,对北京、天津和河北省的战略定位进行了讨论。得出如下结论:

(1) 基于市场潜力的分析表明,京津冀区域市场潜力空间格局以京津为中心,由内向外递减,可分为3个等级:北京和天津地区市场潜力最高,廊坊、唐山、保定、沧州和石家庄次之,秦皇岛、邯郸、邢台、衡水、承德和张家口最低。廊坊、唐山、保定、沧州、承德和张家口地区的市场份额主要来自京津,与京津联系最密切,河北和京津市场潜力差距有逐步扩大的趋势。

(2) 基于空间生产理论的研究表明,北京大都市阴影区的形成与长期固化,与北京及外围地区之间长时期以来采用背离型互动战略直接相关。京津冀协同发展中,应该重视地方层面的发展战略协调与良性互动。京津冀协同发展应更加关心北京和天津功能的有机疏散和河北功能的承接,开启双向互动的模式。

(3) 京津冀城市特点和优势分析表明,北京应作为中国最主要的金融、商贸等高端服务业中心,这样的定位完全体现了"现代国际城市"的内涵,也是为发展确定"新的目标"和开拓"新的空间",将会使北京和京津冀区域较快成为全球经济的核心区之一。天津作为中国华北地区经济中心城市和北方最主要航运中心,其战略定位应强调加强综合性制造业及其所需要的基础原材料、新材料的发展;加强作为东北亚重要航运中心功能的建设;作为中国华北地区经济中心城市相适应,发展中高端的金融、商贸、中介、保险、产品设计与包装、市场营销、财会服务、网络经济和物流配送、技术服务、信息服务、人才培育等服务业。河北省应结合自身资源环境禀赋的特点和优势，对现有的能源原材料工业实行大幅度结构调整；发展海洋工程装备、先进轨道交通装备和新型材料工业；大力发展现代农业、畜牧业以及农畜产品加工；加强对京、津及其他城市的生态服务功能建设。

6 基于城市功能定位的京津冀产业转移路径选择

6.1 河北省各市承接北京产业的优势

京津冀协同发展中,北京市对河北省腹地的需求前所未有,北京的关键词是"疏解",河北则是"发展",两地不乏错位发展的机遇,河北省及其各市是北京市产业转移的重要承接地,在地理区位、交通运输、产业发展、政策战略上均有巨大优势。

6.1.1 区位优势

河北省一贯秉承"环渤海、环京津"优越的区位特点,与京津两市共同构成环渤海核心区域。其中,区位优势最明显的是环京津核心功能区的廊坊市和保定市,廊坊市位于京津两大城市之间,是京津冀城市群的地理中心,享有"连京津之廊、环渤海之坊"之称。保定市在地理区位上有三大优势:首先,京津保三地构成"黄金三角"这地缘优势;同时又是石家庄市和北京市的中心点;此外,保定市是整个河北省的中心点。

可见,保定市优越的地域优势将成为促进京冀协作,拉动河北省经济向前发展的重大推力。保定市、廊坊市作为疏解北京市非首都功能的集中承载地,将与京津共同构成京津冀城市群的核心区域。

6.1.2 交通优势

顺利承接产业转移和做好北京市非首都功能疏解工作,交通是"先行兵"。河北省在承接北京市产业时不仅地理区位优越,在铁路、公路、港口等交通运输发展上一直名列前茅。便捷的交通运输水平对要素流动、人口迁移、经济发展具有显著的拉动作用。

河北省的沿海率先发展区，以秦、唐、沧三大港口为主的港口体系已基本形成，这些港口包括北京在内的华北、西北地区的重要出海通道。其中京唐港区是由北京市和河北省共同投资建设，是北京市输送物资的重要海上通道[196]；而且秦皇岛港和黄骅港作为多功能的现代港口是目前最经济便捷的出海口。此外，唐山市和秦皇岛市不仅坐拥曹妃甸港和秦皇岛港，而且铁路公路交织成网。未来沿海地区要充分发挥沿海的交通优势，加快发展临港和临海经济。

河北省廊坊市和保定市凭借独特的区位优势成为环京津核心功能区。廊坊市和保定市不仅有区位先机，交通运输上也发展迅猛。首先，廊坊市可谓路网纵横，四通八达，而且廊坊市区距离北京市中心38千米，距首都国际机场车程40分钟，可以半小时进京到津，一小时上天出海。保定市紧邻京、津、石三大航空港和天津、黄骅两大海港，是华北重要的交通陆港城市[197]。

在冀中南功能拓展区交通优势明显，作为河北省省会石家庄市，是我国铁路运输的主要枢纽，在京津冀区域交通体系上石家庄市具有明显的交通优势，尤其是京广高铁的开通，让石家庄的交通枢纽优势更加凸显，石家庄到北京只需要1小时。衡水市也在进一步强化京衡高铁交通物流枢纽地位。还有邯郸市铁路交叉、国道交汇、高速过境、机场通航等综合交通优势显著。此外，邢台市构成了"东出西联、南承北接"的交通枢纽，距首都北京396千米，乘坐高铁可在2小时内抵达。

而作为冀西北生态涵养区的张家口市目前全市高速公路通车里程达808千米，居全国前列，铁路通车里程623千米，今后，京张高铁通车后，张家口市将融入"首都一小时生活圈"[198]，总之，张家口市现代化的综合交通体系将成为连接京津冀蒙的交通枢纽城市。还有承德市，随着北京至承德城际铁路、旅游支线机场、"一环八射"高速公路等大批基础设施的建设，承德也将进入到首都一小时交通圈，成为沟通京津，辟通港口、承北接南的交通要地。

总之,未来河北省区域内快速铁路将覆盖所有地级城市,高速公路覆盖所有县城,将形成以石家庄市为中心"两小时交通圈"、环首都"一小时交通圈"和环渤海"一小时交通圈",到时北京市和河北省各市之间在产业、要素、人口转移时将带来极大方便。

6.1.3 产业优势

河北省凭借要素禀赋的优势使得制造业发展最快,对于北京市来说,正是由于缺乏资源、土地、能源等要素,以及某些要素成本过高使得发展空间有限,严重制约了制造业在北京市的发展。将北京市和河北省11个地市的主导产业进行归纳(见表6.1),可以看到河北省各市的主导产业大多集中在工业发展上,北京市有选择地对不符合首都功能定位的产业进行适当转移,充分统筹京津冀三地资源,北京市制造业与现代服务业将得到更好的融合,进而实现结构的转型升级。

表6.1 2017年北京市与河北省各市主导产业对比表

地区		主导产业
核心	北京	电子信息、汽车、生物医药、石油化工;金融、信息服务、批发零售、科技服务、商业服务、交通运输、房地产七大服务业
环京津核心功能区	廊坊	电子信息、生物医药、新材料、食品加工、精细化工、汽车配件
	保定	机电、轻纺、食品、建筑建材、信息产品制造
冀中南功能拓展区	石家庄	生物医药、电子信息、化工、装备制造
	邢台	钢铁深加工、煤化工、装备制造、食品医药、纺织服装、新型建材、新能源
	邯郸	钢铁压延、商贸物流、装备制造、房地产、文化旅游、现代农业
	衡水	皮毛、化工、丝网、纺织品、服装业、机械制造业
沿海率先发展区	沧州	石油化工、装备制造、食品、纺织、临港产业
	唐山	煤炭、钢铁、电力、建材、机械、石油化工、陶瓷、纺织、造纸
	秦皇岛	粮油食品、玻璃建材、金属压延、机械制造工业
冀西北生态涵养区	张家口	旅游服务、新型能源、食品加工、装备制造、现代物流业、电子信息业、矿产品精深加工业
	承德	食品饮料、特色医药、冶金矿山、新型建材、光机电产品

从河北省各市的主导产业来看,在承接北京市相关产业时具有各自的比较优势,比如服装、纺织业在冀中南功能拓展区均属于主导产业,可以对接北京市服装批发、生产等行业,还有石家庄市的抗生素生产基地是全

国最大的，医药工业综合实力全国第一，北京市对医药行业十分重视，如果两地能够联合，进行有效分工，发展潜力非常大。还有划分为沿海率先发展区的唐山市、沧州市、秦皇岛市，无论是工业发展上还是运输上的优势都可以成为对接北京市产业的重要地区。

6.1.4 政策优势

京津冀协同发展的提出，第一次把河北省全部纳入国家战略，使河北省迎来了转型升级的难得机遇。从国家政策来看，2011年10月，国务院批复了《河北沿海地区发展规划》，标志着河北省沿海地区将率先发展，该战略对推动河北沿海地区又好又快发展发挥着积极作用，同样也是承担北京产业的重地。2015年4月，《京津冀协同发展规划纲要》正式颁布，标志着协同发展由"顶层设计"阶段步入"全面实施"阶段[199]，并将疏解非首都功能作为重中之重。之后，河北省各市针对该政策发布了相关文件，比如，5月6日，石家庄市政府出台《关于加快推进京津冀协同发展的实施意见》，对石家庄市如何助力京津冀协同发展提出意见。随后，11月16日河北省在《中共河北省委关于制定河北省"十三五"规划的建议》中对河北省在京津冀发展中的空间布局以及首次对河北省各市的功能定位和发展方向做出说明。此外，北京携手张家口成功获得冬奥会举办权，也给张家口在基础设施、生态建设、对外知名度、绿色发展等方面带来新机遇[200]。还有"中国制造""互联网+"行动计划，加速了河北省传统产业升级的步伐[201]。综上政策不仅为河北省营造了良好的投资环境，还给河北省各市提供了清晰的发展路线，有了政策的指导，河北省将全力助推京津冀协同发展，努力打造承接平台。

6.2 河北省承接京津产业转移进程

6.2.1 河北省承接京津产业转移的现状

（1）承接产业接规模大，承接产业层次提升。京津冀协同发展进程中，河北成为承接京津产业转移首选之地。据河北省商务厅统计，2017

年，河北从北京、天津引进资金 2500 亿元，有序承接京津产业转移项目近 3000 个。

2013 年，部分企业选择外迁，将总部落在北京，河北作为生产基地，铸造和家具产业整体转移至河北邯郸市和行唐县；邯郸市局开辟绿色通道承接北京新兴凌云医药化工有限公司转移[202]。2014 年，北京 20 多家产业集群涵盖电子信息、节能环保、新材料等产业分别迁至河北各大产业园区；秦皇岛迎来河北省对接京津产业转移的首个综合性高科技园区——中关村产业园秦皇岛分园，率先实现北京高科技产业大规模转移至河北；北京与河北联合打造曹妃甸协同发展示范区项目。2015 年，沧州黄骅市积极承接京津产业转移，汽车装备制造、生物医药、激光研发等新兴产业加速崛起，成为沧州产业转型升级的生力军，截至 2017 年，沧州市已引进京津生物医药、汽车装备制造等项目 1408 个，总投资 7154 亿元，形成产值超千亿元的产业集群；北京现代沧州工厂、首钢京唐二期、张北云联数据中心项目顺利在河北省开工建设，北汽集团黄骅整车项目建成投产，北京生物医药产业园落户沧州渤海新区，北京威克多制衣中心落户衡水市，北京动物园批发市场也逐步搬迁至廊坊市；首批 22 家北京医药企业签约入驻园区——北京·沧州渤海新区生物医药产业园；保定市与京津地区合作筹划新型产业园区，吸引了大批在京央企；高碑店农副产品物流园、白沟大红门服装城等项目已开始建设；廊坊市与北京经济技术开发区合作的亦庄永清产业园 6 个项目已开工建设；唐山市曹妃甸、海港开发区等 4 个工业园区将首批承接京津特殊化工产业转移；秦皇岛、石家庄、保定抓住"一带一路"沿线国家服务外包的重大机遇，有序承接京津服务外包产业转移，实现产值达 80 亿元，是 2016 年同期 29.8 倍[82,203]。

津冀间产业对接也在进行中，2014 年，天津河北共建冀津（涉县·天铁）循环经济产业示范区；河北青县建设滨海汽车零部件产业园，有效承接天津滨海汽车零部件公司产业转移；沧州市在医疗、港口等领域与天津市展开合作。2015 年，河北省与天津共建公投项目 450 项，投资规模达数百亿元；在仓储物流、金属冶炼与制造、盐区改造、制鞋生产线等领域与天津实现产业对接；在医药领域，河北部分药企与天津科研单位展开合作，实现成果有效转化，医药产业无缝对接[204]。

（2）政府积极引导，产业园区发展迅速。河北省委、省政府对招商引资工作进行目标分解，做到主动服务、一站式服务，重点梳理60余项具体工作，将责任一一落实，确保河北在京津冀协同发展中做好产业转移承接工作，推动京津产业转移顺利进行。河北省已经建成196个产业园区，并优选出部分园区建设重点平台，打造5个经济合作示范园区：北京新机场临空经济合作区、京冀曹妃甸现代产业试验区、渤海新区北京生物医药园、亦庄永清产业园和津冀涉县天铁循环经济示范区，在此基础上规划出5条产业带：京津廊高新技术产业带、沿海临港产业带、京广线先进制造产业带、京九线特色轻纺和高新技术产业带、张承绿色生态产业带，引导转移产业集中落地，并且避免不同城市间产业功能相似无序竞争。

（3）错位发展，培育优势产业集群。河北推进错位发展战略，促进产业基地应着力引进先进技术，采用"京津研发+河北转化"产学研用一条龙模式，加速集聚京津先进技术成果转化，大力培育京津的高科技种子在河北生根落地，全面推进优势产业集群发展，推广产业协同创新。

"传统优势+技术融合"模式，紧紧抓住传统优势产业，推进基础产业部门与高新技术融合，充分利用京津基础研发资源提升河北优势产业竞争力。

"产业集群+创建平台"模式，优选出具有发展潜力的产业集群，与京津共享共建技术平台，实现资源共享、技术渗透[205]。

京津冀合作应建立在互利共赢的基础之上，河北在与北京、天津合作的框架下，把握自身优势促进区域经济协同发展，才能使区域合作具有旺盛的生命力[206]。

6.2.2 河北省承接京津产业转移效果分析

（1）高新技术产业总体运行情况。随着河北省深入实施创新驱动战略，不断推进工业转型升级、大力化解过剩产能、持续培育壮大战略性新兴产业等举措，高新技术产业继续保持良好的发展趋势。

2019年，河北省新增高新技术企业2591家，是2016年增幅的3.69倍多，总数达7611家；2019年，科技型中小企业新增1.34万家，总数达5.5万家。2019年，规模以上高新技术产业增加值达2392.5亿元，占工业增加值的18.4%。高新技术企业占全省企业总数的比重为0.4%，却贡献了全省15.3%的企业所得税。

(2) 主要领域情况。2019年河北省全部工业增加值11503.0亿元，比上年增长5.2%，其中规模以上工业增加值增长5.6%。在规模以上工业中，采矿业增长13.7%，制造业增长5.0%，电力、热力、燃气及水生产和供应业增长5.8%。

在规模以上工业中，装备制造业完成增加值3265亿元，比上年增长12.1%，装备制造业可比价增加值占规模以上工业的比重为27.0%，比钢铁工业高2.2个百分点；钢铁工业增加值下降0.1%；石化工业增加值下降3.6%；医药工业增加值增长7.9%；建材工业增加值下降1.3%；食品工业增加值增长6.5%；纺织服装业增加值增长1.2%。六大高耗能行业增加值下降2.1%。其中，煤炭开采和洗选业下降28.4%，石油加工、炼焦及核燃料加工业下降8.1%，黑色金属冶炼及压延加工业下降3.0%，化学原料及化学制品制造业下降2.0%，非金属矿物制品业增长3.6%，电力、热力的生产和供应业增长5.8%。高新技术产业增加值增长11.3%，占规模以上工业的比重为18.4%。其中，新能源、生物、电子信息、高端装备技术制造领域增加值分别增长17.2%、15.3%、14.9%和13.9%。高新技术产业投资4354.6亿元，增长5.3%，占固定资产投资（不含农户）的比重为13.2%。其中，电子信息投资增长26.6%，新材料投资增长9.0%，环保产业投资增长36.0%。

(3) 高新技术企业发展情况。2017年，河北省规模以上高新技术产业增加值达2392.5亿元，占工业增加值的18.4%，其中新产品产值达到

1896.4亿元，占工业总产值的63.2%；实现工业增加值701.8亿元，同比增长10.9%；实现营业总收入3232.7亿元；总收入超亿元的企业达到361家，超5亿元的93家，超10亿元的54家，超50亿元的6家；实现利税419.2亿元，同比增长22.3%；其中净利润达到239.3亿元，同比增长21.1%；实现出口创汇44.8亿美元。2017年，河北省高技术企业共完成固定资产投资423.8亿元，同比增长3.3%，新开工项目达到1159项，投资规模达到111.95亿元。

（4）高新区建设情况。目前河北省共有30家省级以上高新区，其中5家被评为国家级高新区。2017年，30家高新区实现工业总产值5000多亿元，比去年同期增长12个百分点，其中，规模以上工业总产值高达4484亿元，比去年同期增长22.8个百分点；高新技术产业实现产值2425亿元，比去年同期增长18个百分点；实现GDP1877.2亿元，比去年同期增长13.4个百分点；实现工业增加值1248.4亿元，比去年同期增长14.5个百分点；实现财政收入3112亿元，比去年增长18.5个百分点；实现营业总收入7628.6亿元，比去年同期增长11.6个百分点，其中主营业务收入7048.5亿元，比去年同期增长12个百分点；工业营业收入达到4970.9亿元，实现利税789.98亿元，比去年同期增长15个百分点，其中净利润达到445.1亿元，比去年同期增长13.5个百分点；每收总额达到341亿元，比去年同期增长12.9个百分点；完成固定资产投资1733亿元，比去年同期增长19.4个百分点；工业固定资产投资额为1106.9亿元，其中高新技术领域固定资产投资385亿元。

在生态环境方面，河北省2014年出台的《河北省山水林田湖海生态修复规划》总体进展顺利。采取多项措施重点治理企业、居民地下水超采，对河流水网进行改造、建设，控制企业排污，降低空气粉尘浓度，淘汰落后黄标车，增加绿化面积，大力改善生态环境。能源消耗强度显著下降，全省单位生产总值能耗五年下降24.4%。2017年，实施重大生态保护和修复工程，地下水超采综合治理形成压采能力33.6亿立方米；39条城市黑臭水体得到整治；2021年，全年完成植树造林1026万亩，新增国土绿化面积2561万亩，森林覆盖率由27%提高到35%，塞罕坝林场荣获联合国环保最高荣誉"地球卫士奖"；共压减炼钢产能1402万吨、炼铁2066万吨、煤炭1006万吨、水泥334万吨、平板玻璃660万重量箱、焦炭319万吨、火电50万千瓦，全面取缔"地条钢"；整治"散乱污"企业13.2万家，全省$PM_{2.5}$平均浓度下降5.8%。

6.2.3 河北省承接京津产业转移存在的问题

（1）承接产业转移平台与承接产业缺乏科学性和规划性。河北省承接产业转移平台建设过程中，片面追求平台建设规模，过于重视政府推动，而轻视市场导向，忽视市场风险和债务风险，产业发展缺乏统一布局，规划过于超前，形成产业同构和同质竞争。

（2）利用外资结构有待优化，质量需进一步提高。目前，河北省利用外资基本集中于传统的制造业领域，金融、保险、旅游等现代服务业次之，现代农业、教育行业利用外资极少。河北省现有的利用外资项目产业、来源等结构不合理，外资投向偏重于传统工业，利用外资的质量和效益有待提高，利用外资领域急需进一步拓宽。

（3）跨区域合作承接产业机制不完善。区域壁垒、制度障碍和考核制度的不科学导致河北省内外产业规划缺乏协调，区域间合作障碍重重。各地在招商引资中，地方优惠政策受政府过度干预，弱化市场机制作用，降低对项目选择标准和审批监管的力度，导致环境污染和地方利益受损，妨碍了河北省经济的可持续发展。

（4）过重产业转移超出环境容量。承接产业转移政策客观上加速了资本、人才、技术、经营能力等向河北省流动，对经济发展和区域产业结构优化具有积极意义。但这一承接机制并非"一转永益"。承接产业缺乏配套的污染物处理技术或再循环利用企业，虽然短期内能创造就业，但从长远来看是得不偿失的。据测算，2011—2017年河北省的碳排放量均维持在91%以上，远高于第一产业碳排放量的3%和第三产业碳排放量的6%。

2013年以来持续的雾霾环境佐证河北省经济环境问题不可小觑。

6.3 基于城市功能定位京津冀产业转移分析

2015年4月,《京津冀协同发展规划纲要》审议通过,这一顶层设计绘制了改革蓝图,明确了京津冀整体定位及三地分别定位、协同发展三步走目标等。京津冀协同发展的核心是区域一体化,基本出发点是分散非首都核心功能、解决北京"大城市病"。同时,要构建现代化交通网络系统,积极调整优化产业结构及城市布局和空间结构,扩大环境生态容量,推动产业转移升级与公共服务完善发展,形成京津冀互利共赢的协同发展格局。目前京津冀三地经济发展水平与产业发展态势不同,区域差异显著,必须明确三地功能定位与产业分工,加快推进产业对接协作。其中北京市是核心,天津市近来经济高速发展,京津差距日益缩小,河北省则是短板。承接地要利用好京津冀协同发展这一重要契机,通过产业转移和功能分散,探索新的支柱产业,大力化解产能过剩问题,推动经济增速提质,缩小区域经济差距,打造新的经济增长极,实现经济绿色崛起。

北京市第一产业比重不足1%,第三产业作为主导产业比重已超过77%,北京已进入后工业化阶段,产业结构呈现出明显的"三、二、一"态势。天津市作为典型的工业城市,第二产业比重近年来不断下降,2014年已低于50%,与第三产业相差无几,天津市已处于工业化高级阶段,产业结构呈现出"二、三、一"向"三、二、一"过渡态势。河北省一产比重逐年降低,二产比重略有收缩,三产比重逐年增加,但是第一产业比重仍高于全国水平,第三产业发展依旧滞后,产业结构有待优化升级。北京、天津处于产业高梯度,河北省处于产业低梯度,三地的产业结构差异使得在产业转移上具备了条件。因此,研究基于2011—2017年京津冀的产业数据,采用区位商计算各地的主导产业,在此基础上对各地的产业状况进行分析,得出北京需要转移的产业和河北省各地承接的产业,为产业的转移提供基础数据。

6.3.1 区位商模型的建立

区位商是指某地区某产业的产值在该地区总产值中所占的比重与全国该产业产值在全国总产值中所占比重的比率,用于衡量某个地区或者行业在经济中的集中性程度和专业化程度,常作为判断某地区产业比较优势和竞争力的重要指标依据。Haggett 在区域内优势产业情况分析中首先提出产业区位商,亦称为专门化率[207]。区位商是用来判断区域产业竞争力及主导优势产业的重要指标,用来衡量地区某行业专业化程度和集中性程度,它是区域内产业产值占全国产业产值的一种比例关系,公式如式(6.1)所示:

$$LQ_{ij} = \frac{L_{ij} / \sum_{j=1}^{m} L_{ij}}{\sum_{i=1}^{n} L_{ij} / \sum_{i=1}^{n} \sum_{j=1}^{m} l_{ij}} \quad (6.1)$$

式中:LQ_{ij}——区位商(i 地区 j 产业)($i=1,2,3,\cdots,n$;$j=1,2,3,\cdots,m$);i——第 i 个地区;j——第 j 个产业;L_{ij}——产出指标(i 地区 j 产业)。

当 $LQ_{ij} > 1$ 时,说明产业专业化程度在该地区较高,发展较快,规模较大,产业较为集中,超过全国水平,有比较优势。LQ_{ij} 越大,表明比较优势越大,专业化程度越高。$LQ_{ij} < 1$ 时,说明该地区产业专业化程度低,产业规模处于弱势,低于全国水平,不能满足本区域的需求,产品或服务需要由区域外供给。$LQ_{ij} = 1$ 时,说明产业的专业化水平和全国持平,供给能力正好和当地发展需求相持平。

6.3.2 京津冀三地产业区位商测算

区域经济一体化协调发展,离不开区域主导产业的确立与选择,主导产业往往对其他产业发展起到引导作用[208]。主导产业可以凭借先进技术带动其他产业发展,它随着政策环境与经济发展的变化而变化[209-211]。针对京津冀三地的优势产业和主导产业,本章采用区位商指标进行计算分析。

通过 2011—2017 年中国统计年鉴和京津冀各城市统计年鉴,通过全国与各地历年三次产值数据,对区域内三次产业区位商进行计算,计算结果见表6.2。从表中数据分析可知，京津冀三地各城市产业区位商差异较大，且优势产业与主导产业不同。2011—2017年北京的第三产业区位商的计算值均大于1.5，且2011—2014年达到1.7的高水平，由此可以说明北京在第三产业上具有较高的专业化优势，是北京的主导产业，其专业化程度远高于天津和河北；天津市区位商计算中，第二产业和第三产业的区位商值均大于1，具有一定的产业优势，且天津的第二产业区位商要高于北京和河北，在三地的产业体系中具备专业化的竞争力；河北省的区位商分析表明，河北的第一产业和第二产业具备产业优势，其区位商值均大于1，河北的第一产业好于北京和天津，体现了专业化竞争力，然而区位商分析也可以看出，河北的第三产业滞后，缺乏竞争力[208]。

表6.2 2011—2017年京津冀三次产业区位商

年份	河北 一产	河北 二产	河北 三产	北京 一产	北京 一产	北京 三产	天津 一产	天津 二产	天津 三产
2011	1.309	1.130	0.793	0.097	0.500	0.178	0.178	0.178	1.024
2012	1.326	1.128	0.790	0.093	0.509	0.169	0.169	0.169	1.041
2013	1.263	1.149	0.785	0.090	0.486	0.151	0.151	0.151	1.046
2014	1.279	1.150	0.780	0.090	0.490	0.139	0.139	0.139	1.039
2015	1.281	1.151	0.776	0.089	0.494	0.139	0.139	0.139	1.029
2016	1.292	1.154	0.777	0.078	0.495	0.137	0.137	0.137	1.038
2017	1.301	1.160	0.803	0.067	0.481	0.140	0.140	0.140	1.040

6.3.3 京津冀主导产业分析

本书依据2017年中国统计年鉴和京津冀各城市统计年鉴，对京津冀工业领域细分的40个行业区位商进行了测算，计算结果见表6.3。

表6.3 2017年京津冀工业分行业区位商测算表

行业	河北	北京	天津
煤炭开采和洗选业	1.093	—	1.546
石油和天然气开采业	0.498	—	3.602
黑色金属矿采选业	5.892	0.708	2.681
有色金属矿采选业	0.159	—	—
非金属矿采选业	0.511	—	0.079
开采辅助活动	—	7.099	1.981
农副食品加工业	0.792	0.351	0.559

续表

行业	河北	北京	天津
食品制造业	1.133	0.819	2.341
饮料制造业	0.682	0.659	0.381
烟草制品业	0.452	—	—
纺织业	1.018	0.024	0.160
纺织服装、服饰业、鞋帽制造业	0.462	0.329	0.636
皮革、毛皮、羽毛及其制品业	2.194	0.039	0.209
木材加工及木、竹、藤、棕、草制造业	0.468	0.069	0.060
家具制造业	0.869	0.681	0.561
造纸及纸制品业	0.862	0.282	0.631
印刷和记录媒介复制业	1.043	0.959	0.563
文教、工美、体育和娱乐用品制造业	0.764	0.488	1.291
石油加工、炼焦及核燃料加工业	1.229	1.094	1.459
化学原料及化学制品制造业	0.791	0.241	0.632
医药制造业	0.727	1.708	0.881
化学纤维制造业	0.297	—	0.098
橡胶和塑料制品业	1.049	0.191	0.740
非金属矿物制品业	0.801	0.423	0.249
黑色金属冶炼及压延加工业	4.014	0.091	2.889
有色金属冶炼及压延加工业	0.259	0.091	0.826
金属制品业	1.763	0.498	1.482
通用设备制造业	0.698	0.646	1.002
专用设备制造业	1.002	0.961	1.169
汽车制造业	0.752	3.519	1.261
铁路、船舶、航空航天和其他运输设备制造业	0.649	1.187	2.246
电气机械及器材制造业	0.704	0.698	0.629
计算机、通信和其他电子设备制造业	0.136	1.419	1.123
仪器仪表制造业	0.284	1.862	0.392
其他制造业	0.538	1.709	1.679
废弃资源综合利用业	0.543	0.101	2.006
金属制品、机械和设备修理业	0.582	4.271	0.902
电力、热力生产和供应业	1.169	4.539	0.572
燃气生产和供应业	0.759	4.440	0.781
水的生产和供应业	0.595	2.301	1.052

由表6.3京津冀工业分行业区位商测算表可知，主导优势产业中河北、天津、北京的数量分别为12、16和12，京津冀三地主导产业分布见表6.4。

表6.4 京津冀三地工业主导产业分布表

地区	主导产业
北京	铁路、船舶、航空航天和其他运输设备制造业；开采辅助活动；医药制造业；金属制品、机械和设备修理业；石油加工、炼焦和核燃料加工业；汽车制造业；计算机、通信和其他电子设备制造业其他制造业；仪器仪表制造业；电力、热力生产和供应业；水的生产和供应业；燃气生产和供应业
天津	黑色金属矿采选业；煤炭开采和洗选业；金属制品业；黑色金属冶炼和压延加工业；食品制造业；石油和天然气开采业；文教、工美、体育和娱乐用品制造业；石油加工、炼焦和核燃料加工业；开采辅助活动；专用设备制造业；汽车制造业；计算机、通信和其他电子设备制造业；其他制造业；铁路、船舶、航空航天和其他运输设备制造业；水的生产和供应业；废弃资源综合利用业
河北	黑色金属矿采选业；金属制品业；文教、工美、体育和娱乐用品制造业；橡胶和塑料制品业；煤炭开采和洗选业；石油加工、炼焦和核燃料加工业；纺织业；食品制造业；皮革、毛皮、羽毛及其制品业；印刷和记录媒介复制业；电力、热力生产和供应业；黑色金属冶炼和压延加工业

北京的工业主导产业集中在技术密集型产业：电子设备、医药、汽车、交通运输等，以及市政等社会公共服务：燃气、水、电、热供应方面；天津的主导产业分析中可以看出，天津在传统制造业和技术密集型产业方面都有所涉及；河北的主导产业主要集中在劳动力密集型的传统制造业和食品、纺织、金属冶炼等资源产业[208]。从表6.5京津冀重合主导产业分析

表6.5 京津冀三地重合主导产业一览表

地区	重合主导产业
京津	计算机、通信和其他电子设备制造业；铁路、船舶、航空航天和其他运输设备制造业；其他制造业；开采辅助活动；水的生产和供应业；汽车制造业
京冀	电力、热力生产和供应业
津冀	食品制造业；黑色金属矿采选业；黑色金属冶炼和压延加工业；金属制品业；煤炭开采和洗选业
京津冀	石油加工、炼焦和核燃料加工业

中可见，北京和天津有6个产业相互重合，北京和河北有1个产业相互重合，天津和河北有5个产业相互重合，京津冀三地有1个产业相互重合，总体来看，北京和天津主导产业集中在技术密集型产业现代制造业，重合度较高，而北京和河北的主导产业重合度较低。在京津冀协同发展战略的推动下，三地要不断优化调整产业结构，提高产业专业化水平和产业分

工，通过产业转移，降低区域内主导产业重合度，摒除区域内产业竞争的恶性循环[208]。河北也要抓住京津冀协同发展的契机，承接京津两地的产业转移，尤其是北京项目的产业转移，进而促进京津冀区域的经济和产业的协同发展。

6.3.4 京津冀产业转移分析

京津冀整体定位要秉承三省市"一盘棋"的思想，凸显相辅相成、错位发展和功能互补；京津冀三地要增强整体性，围绕区域整体定位，符合京津冀长远发展的战略需要[208,212]。

北京市是总部经济，这是北京的重要的经济特征之一，发展服务经济是其主体与优势所在[38]。信息技术、文化、金融等是北京的主导产业，所以制造业规模势必被缩小。天津是国内先进制造业的研发中心，在制造业各个方面均处于全国领先水平，且研发实力世界一流。针对我国的制造业规模世界第一，但却不是制造业强国的现状，天津在制造业发展中应瞄准国际趋势，充分挖掘利用自身研发力量和科技资源，打造高端制造业的品牌，在装备制造领域形成具有强大世界级竞争力重点产业链和产业体系，成为国家级新型产业聚集区和工业化产业示范基地。

石家庄是河北省的省会城市，在皮革、毛皮、羽毛（绒）及其制品业，纺织服装、鞋、帽制造业和纺织业方面有明显的优势。渤海湾海岸线中间区段沧州、唐山和秦皇岛三市区位条件优势明显。其中，作为国内第三座化工城的沧州，化学工业（化学原料及化学制品制造业）的发展是沧州的主导产业选择。唐山应结合资源禀赋优势，发展黑色金属冶炼及压延加工业。秦皇岛应结合当地现有产业，充分发挥食品制造业和金属制品业的优势。保定市在农副食品加工业、橡胶和塑料制品业、造纸及纸制品业方面具有显著的优势。廊坊毗邻北京和天津，是北京人口和产业转移的重要方向，廊坊的食品制造业和文教、工美、体育和娱乐用品制造业凸显优势。衡水是我国北方发展轻工业的城市，在皮革、毛皮、羽毛及其制品业和农副食品加工业方面相对于京津冀其他城市优势明显。邯郸和邢台同属于资源型城市和老工业基地，所以依赖于资源型产业黑色金属冶炼及压延加工业，在邯郸和邢台发展尤为合适。此外，两市在纺织业的方面优势突出。张家口的农副食品加工业和通用设备制造业发展较好，具备一定的优势。承德市的矿产资源尤为丰富，当地的黑色金属矿采选业、黑色金属冶炼压延业技术力量雄厚，生产经验丰富和生产设备先进，同时承德的食品饮料制造业方面有相当的区域环境优势。

规划指出，推动京津冀协同发展的战略核心是有序地进行北京非首都功能的疏解，结合表 6.5 及以上的分析，对北京的产业转移路径进行分析，结果见表 6.6。

表6.6 北京产业转移路径选择

序号	行业	地区
1	废弃资源综合利用业	天津
2	有色金属冶炼及压延加工业	天津
3	食品制造业	廊坊、承德、秦皇岛、天津
4	黑色金属冶炼及压延加工业	邢台、邯郸、唐山、承德
5	皮革、毛皮、羽毛及其制品业	衡水、石家庄
6	橡胶和塑料制品业	保定
7	文教、工美、体育和娱乐用品制造业	廊坊
8	黑色金属矿采选业	承德
9	化学原料及化学制品制造业	沧州
10	纺织服装、鞋、帽制造业	邯郸、邢台、石家庄
11	农副食品加工业	张家口、承德、衡水、保定
12	金属制品业	秦皇岛
13	饮料制造业	承德
14	造纸及纸制品业	保定

6.4 京津冀产业转移中河北省发展战略

6.4.1 京津冀产业转移中河北省和京津的产业关系

综合前文的计算结果，按照京津对河北省十一个城市的市场潜力分析得出，京津是京津冀区域的中心城市，这两个城市是整个京津冀区域重要引擎。从京津冀产业区位商分析可得出，京津两个城市的产业发展水平相对于河北省十一个经济主体要高出很多,其中,北京第三产业比重非常高,已经达到80.6%,接近发达国家水平,天津的工业和河北省存在着产业梯度。因此,北京和天津在京津冀区域的产业分工上是处于产业的高端位置,是产业的辐射转移方。再具体结合河北省十一个经济主体与京津的地理位置关系,本研究将河北十一个经济主体在产业上和京津的发展关系分为两大类:河北省与京津的紧密协同区、河北省与京津的非紧密协同区。其中,河北省与京津的紧密协同区包括廊坊、唐山、石家庄、保定、沧州、秦皇岛六个城市,之所以将这六个城市划入与京津的紧密协同区,是由于廊坊、唐山、保定、沧州这四个城市和京津相邻,而石家庄是河北省的省会城市,在经济、政治、文化等层面的发展都占有优势,和京津的各项往来都很密切,秦皇岛虽然和北京、天津都没有相邻,但是作为京津冀地区重要的港口城市,和天津的发展关系较为密切,和北京也处于京唐秦的发展轴上;河北省与京津的非紧密协同区包括张家口、承德、邯郸、邢台、衡水等五个城市,其中,张家口和承德主要处于京津的西北部,承担着京津冀区域生态屏障的功能,和京津的产业协同只能定位在生态产业合作方面;邯郸、邢台、衡水由于接受北京和天津的京津辐射力较小,市场潜力也较小,因此,可以认为是与京津产业合作的外围支撑区。

6.4.2 与京津协同区的产业发展策略

6.4.2.1 与京津紧密协同区的产业发展策略

研究将河北省的廊坊、唐山、石家庄、保定、沧州、秦皇岛六个城市定位为与京津的紧密协同区,具体来说,河北省的这几个城市应该在产业方面借力京津的经济辐射力,进而和京津进行更好的产业互动。

(1)与北京的产业对接。廊坊、唐山、石家庄、保定、沧州、秦皇岛等六个城市在和北京的产业协作方面应该充分发挥区位优势,根据自身的优势产业承接来自北京的经济辐射和产业转移。就具体产业而言,北京主要发展新兴服务业、高新技术产业,尤其是北京的第三产业非常发达。北京的新兴服务业发达,这也说明了北京会利用首都功能进一步发展现代新兴服务业。而且京津冀协同发展中将北京的功能主要确定为全国政治中心、文化中心、国际交往中心和科技创新中心，在强化这些功能的基础上，北京就需要将一般性的产业向周边地区辐射转移。

结合前文的区位商分析发现，北京第三产业都呈现了大于1的状况，因此，具有转移的可能。北京向周边地区进行转移的产业大致上可以分为以下几类：

第一类是第三产业中的区域性物流基地和区域性专业市场。第三产业中住宿和餐饮业、租赁和商务服务业等大多数行业都离不开区域性物流基地，北京物流基地除了占地面积还需要有发达的交通，但是随着北京城市的发展，交通堵塞问题日益严重，因此，继续发展区域物流基地已经不适应目前北京的城市发展需要；区域性专业市场涉及人口多，对交通条件的要求也较高，也会造成北京城市的拥堵，已经不适宜放在北京城市中发展。基于此，河北省与北京的紧密协同区的城市是较好的产业转移地。唐山、沧州、秦皇岛由于是港口城市，具备承接北京生产性服务业商贸物流的条件，石家庄因为是河北省的省会，又是京津冀区域性中心城市，同样也具备承接北京生产性服务业商贸物流的条件，因此，北京的区域性物流基地可以向唐山、沧州、秦皇岛、石家庄等城市进行转移，凭借这四个城市较好的区位优势，可以将其发展成为北京周边的区域性仓储物流中心和交易市场；廊坊、保定和北京的距离最近，又处在京保廊的增长极上，应该积极承接北京的区域性专业市场的转出，从而与北京共同打造京保、京廊核心区，先借力后实现率先联动发展。

第二类是第三产业中教育、医疗、培训机构等社会公共服务业。北京的教育、卫生和社保及社会福利等社会公共服务业行业在北京也基本趋于饱和，而这些社会公共服务业在北京人多、占地多，对北京形成了很大的人口压力，急需要转出疏解北京城市的压力。基于此，河北省与北京的紧密协同区城市是较好的产业转移地。廊坊、保定、石家庄是承接这一类产业转移的最好选择。廊坊距离北京有四十分钟的车程，区位优势使其最合

6 基于城市功能定位的京津冀产业转移路径选择

适承接北京的教育、医疗、培训机构等社会公共服务业，近年来北京将很多高校的分校区设立在廊坊，就是很好的体现。保定与北京紧邻，和廊坊一样具有得天独厚的区位优势，而且保定在承接北京的转移时市场潜力较大，也具有良好的基础设施和公共服务水平。石家庄无论是经济、政治等都具有发展优势，虽然和北京并没有紧邻，但是凭借其省会地位和北京的交往非常频繁，而且石家庄的基础设施和公共服务水平相对于其他城市而言较高，具备承接北京教育、医疗、培训机构等社会公共服务业的能力。

第三类是第三产业中行政性、事业性服务机构和企业总部。北京的第三产业中行政性、事业性服务机构和企业总部也需要向周边地区进行转移，而这两大类行业具有和教育、医疗、培训机构等社会公共服务业相类似的特点，因此，也适合向河北省的廊坊、保定、石家庄进行转移。

当然，除了急需要向周边转移的上述三类第三产业，交通运输仓储和邮政业、信息传输和软件及信息技术服务业等行业也需要向周边地区转移，但这还需要一个循序渐进的过程。

此外，廊坊、唐山、石家庄、保定、沧州、秦皇岛六个城市所形成的与北京的紧密产业协同区，相对北京而言，具有地域广阔、要素廉价的优势，有能力承接北京第三产业的转移。当然，紧密产业协同区的六个城市应该在公共基础和社会公共服务水平上下大力气改善，从而提高承接北京部分社会公共服务业的能力。

（2）与天津的产业对接。河北省廊坊、沧州、秦皇岛三个城市在和天津的产业协作方面主要体现在工业方面。《京津冀协同发展规划纲要》中将天津市定位为全国先进制造研发基地、北方国际航运核心区、金融创新运营示范区、改革开放先行区，在这一功能定位的思想下，天津工业未来的发展方向是航空航天、新一代信息技术、生物技术与健康、高端装备制造业等战略性新兴产业，并成为重要的科技成果转化基地。就前文分析的工业企业40个工业行业而言，其中21个行业属于优势产业。为了将重点放在战略性新兴产业，并建设科技成果转化基地。天津会逐步将石油天然气开采业、通用和专用设备制造等一般制造业、装备制造业逐步有序地向周边进行转移。而河北省应该紧密结合自身的优势产业，积极承接天津向外转移的一般制造业、装备制造业及与这些产业相关的中间环节，为天津优势行业的转移做好配套的服务。例如，廊坊的木材加工、家具制造业，沧州的皮革加工、金属制造业等都具备承接天津工业产业的转移条件。具体而言，沧州在装备制造业方面具有聚集效应，也有着较为雄厚的发展基础，具备承接天津现代装备制造业的基础和优势。廊坊在汽车制造业、电子制造业上具有发展优势和发展潜力。石家庄、唐山、保定虽然在现阶段对于来自天津的产业辐射无法吸收为正向的经济增长效应，但是唐山在装备制造业方面的聚集效应及雄厚的发展基础，也具备承接天津现代装备制造业的基础和优势；石家庄虽然在现阶段对于来自天津的产业辐射无法吸收为正向的经济增长效应，但作为中国的药都在医药制造业方面更具有长期的优势和发展潜力，有能力承接天津医药制造业的转移；保定在汽车制造业、电子制造业上具有一定的发展优势和发展潜力。

在工业发展过程中，必须提到河北的钢铁、建材、石化等重工业行业，其中唐山长期以来是京津冀区域主要的工业城市，存在较多的钢铁、冶金、化工和建材等重工业企业，重工业基础十分雄厚，曹妃甸作为北方最大的天然优良港，是首钢的载体。秦皇岛也具备较为完备的工业体系，钢材、建材、汽配等工业及依靠港口优势的港口运输业发展较快。沧州的石油化工、管道装备及冶金、机械制造等工业发展较为迅速，已经成为北方重要的石油化工基地。这些行业工业产业都属于高耗能、高耗水、高污染的企业，其比重高不利于河北省经济的可持续发展。而要加强京津冀地区和这些城市工业的合作对接，必须降低区域产业的高耗能、高耗水、高污染状态，必须大力实施产业结构调整和产业结构升级，走高效集约发展模式，形成资源共享、分工合作的共赢格局。

基于以上分析，与京津紧密协同区的河北省上述六个城市，在与京津产业协作中应该抓住京津产业转移的良机，应势而上加强自身优势，借助产业基础优势，通过有序、有效的生产要素合理转移，促进和京津紧密协同区在工业经济的进一步发展。

当然，河北省在与京津紧密协同区产业发展中，一方面有序承接京津的部分第三、第二产业的梯度转移，与河北省自身产业较好的配合，形成较长的产业链条；另一方面，河北省可以结合自身优势培育物联网、大数据、高端高科技等产业，实现产业从低到高的逆向推移，成为技术的高梯度地区，实现河北省低梯度地区的跳跃式发展。

6.4.2.2 与京津非紧密协同区的产业发展策略

河北省与京津的非紧密协同区包括张家口、承德、邯郸、邢台、衡水五个城市，其中，张家口、承德主要处于京津的西北部，承担着京津冀区域生态屏障的功能，和京津的产业协同只能定位在生态产业合作方面；邯郸、邢台、衡水由于接受北京和天津的京津辐射力较小，市场潜力也较小，因此，可认为是与京津产业协同的外围支撑区。

(1) 与京津生态协同区的产业发展。京津冀协同发展的关键还在于应注重区域内生态和环境的发展状况，能够在环境保护的基础上节约投入和成本消耗，从绿色发展的层面提升和优化经济发展质量，具有生态产业优势的城市应充分发展生态合作产业区，有利于支撑该城市和其他中心城市更好地接收来自域内和域外的辐射，提升综合辐射效率依据区位特征，张家口、承德两个城市环京津，地理位置上处于京津的上风上水区域，是京津的自然生态屏障。长期来，两个城市在京津冀区域的生态地位比经济地位重要得多，和京津在生态环境方面有着极其密切的联系，其生态环境状况直接关系着京津的水源和生态环境安全。因此，张家口和承德在工业行业的发展空间较为狭小，只能考虑发展和京津错位的绿色环保和现代农业、旅游、健康休闲等有利于生态环境的产业。所以，我们将张家口、承德和京津的关系界定为生态产业协同区，立足自身特色进行产业发展。

张家口近年来发展状况向好，依据实证分析结果，张家口产业应立足生态特点进行发展。由于承德的经济基础弱，因此，承德的发展还需依靠自身实力的增强。基于此,在未来经济发展过程中,张家口、承德地区要从自身经济社会发展的角度出发,科学确定两个城市在京津冀协同发展中的功能定位和职能分工,平衡生态环境保护与经济发展之间的利益关系,牢牢把握京津冀协同发展的机遇,变被动接受为主动出击,加快基础设施建设步伐,打造张承与京津地区良性互动的经济社会发展状态。张家口、承德地区主要借力京津的巨大市场发展现代农业、旅游、健康休闲等服务业。

①与京津生态协同区的现代农业发展模式。张家口和承德丰富的农业、畜牧业资源为发展现代农业奠定了现实基础。同时,北京市和天津市两个千万级人口的大城市为张承地区的农业生产提供巨大的消费场所。在京津冀协同发展进程中,张家口应抓住这一优势,大力发展特色农业、畜牧业,建设农副产品和食品加工供应基地,将其发展成为北京日常农副食品和肉制品最佳供应基地;承德可利用良好的生态环境大力发展无污染的绿色农副产品供应。在发展现代农业进程中,应加强张家口、承德两个城市与京津的农业合作,强化与京津的农业科研院所和高科技企业的技术合作,引进京津中高端技术人才,加强与京津农业信息互通互传,从而打造区域性的农业增长点。

②与京津生态协同区的旅游、健康休闲等服务业发展模式。张家口和承德地区旅游资源多种多样,北京和张家口共同举办冬季奥运会会进一步提升其基础设施建设水平,张家口可利用发展契机,推进旅游产业、文化产业和体育产业等三业融合互动发展,把握京津冀协同发展的有利时机,加快引进北京文化产业基地项目,将文化创意产业和文化旅游产业作为引进的重要领域,主要吸引文化旅游相关机构和企业在张家口市建设培训机构、会展中心、旅游景区、娱乐园区等大型基地,全力推进高端休闲娱乐产业的发展。针对北京医疗卫生资源发展空间不足和健康养老产业需求旺盛等情况,张家口市可以与北京市政府、企事业单位、民间团体开展深入合作,大力开发医疗康复业、社会化养老服务业及其配套产业,积极推进

医疗与养老融合发展,加快打造温泉健康养生、生态休闲度假为主题的健康养老产业。承德应立足自身优势,深入挖掘"山、水、林、文、风、光"等资源优势,坚持走"特色化、差异化、增量调整"的发展道路,把京津的服务需求优势变成承德的服务产业优势,重点做好生态服务、农副产品供应、文化旅游、"大健康"产业、大数据、文化创意、电子商务、现代物流等方面工作。与京津生态协同区的张家口和承德在与京津进行产业合作时,在产业发展上必须符合绿色、环保、清洁水源的要求,产业承接必须要与环境生态保护相结合,利用紧邻京津的优势,结合自身发展要求和特点发展文化旅游、休闲养生、养老医疗等新兴服务业,以及绿色农产品和生态农产品业,目标是把张家口、承德建设成为京津的绿色产业发展集聚区。

(2) 与京津外围支撑区的产业发展。综合各种因素,将衡水、邯郸、邢台三个城市划分为与京津非紧密协同区的外围支撑区,其产业发展可以作为河北借力京津经济发展的产业支撑。衡水、邯郸、邢台属于冀中南地区,这三个城市和京津的联系不及紧密产业合作区,也不及张承生态产业合作区的定位准确。但是,这三个城市劳动力成本相对京津而言较为低廉,其产业发展一方面可以作为京津产业转移的纵深地带,另一方面,不能依赖京津对其经济辐射,而应根据自身产业特点,立足河北省,寻求和京津的产业错位发展出路。

在京津冀协同发展的城市定位中,邯郸是区域性的中心城市,邯郸的产业中第二产业比重高,尤其是钢铁产业是城市发展的支柱产业,钢铁产业的高污染、高能耗和产能过剩使邯郸的第二产业发展面临一定的发展困境。在推进京津冀产业功能错位发展过程中,邯郸应针对现有产业结构单一和部分产业产能过剩的突出问题,对邯郸市的产业结构进行优化调整,将产业发展质量和效益的提升作为产业结构调整的重点,充分利用北京和天津的产业领域宽和产业链条长的特点,推进邯郸优化产业结构,化解过剩产能,破除产业发展困境。另外,在三次产业结构优化过程中,应加大对京津地区的推广和宣传力度，大力发展旅游文化产业。

邢台应促进装备制造业发展，加快汽车、新能源和节能环保产业的培育发展，推进精细化工产业、打造先进制造业基地，促进邢台的工业竞争力。在京津冀协同发展的大背景下，邢台应基于其产业发展基础条件，推进装备制造业等产业集群的发展，加强特色产业竞争力。邢台也应发展休闲旅游基地和特色旅游景区的基础设施建设，建设太行山脉重要的生态观光休闲度假基地。

京津对衡水的经济辐射和衡水的市场潜力都较小，但衡水也可以与京津产业进行对接。基于产业发展现实，衡水应将旅游业、农产品加工业等与京津错位产业作为发展重点，和京津旅游进行对接，利用京津巨大的旅游市场进行发展。

当然，河北省在与京津非紧密协同区产业发展中，一方面做好和京津的产业互补合作发展，另一方面，更应该把重点放在结合自身优势培育高端、高科技等产业，实现产业从低到高的逆向推移，成为技术的高梯度地区，实现河北省低梯度地区的跳跃式发展。

6.4.3 京津冀产业转移中河北省产业发展的措施

无论与京津的产业紧密协同区或是非紧密协同区，河北省都应该制定相应的措施推动产业发展，以下具体措施对产业紧密协同区都适用，而对产业非紧密协同区，后三点措施适用：

（1）积极和京津对接，加快产业转型升级。在推进和京津产业对接过程中，河北省要做到积极主动，充分抓住北京和天津的产业领域宽和产业链条长的特点，承接京津技术层次高的产业，淘汰自身技术低、高污染、高能耗、高排放的低技术层次产业，推进河北省相关产业的整合重组，利用京津转移来的高技术层级的产业化解过剩产业，推进产业结构中的中高端化生产，将产业转型升级作为重点，利用与京津协同发展中的创新因素，推动产业发展从依靠要素驱动转向依靠创新驱动，从而提升产业的整体竞争力。

(2) 搭建产业对接平台，推进产业衔接配套一体化。在与京津产业对接过程中，河北省应该把握京津产业功能转移的有利时机，制定承接京津产业外迁的双赢体制机制，对接城市应该推进各类对接园区建设，创新对接园区的管理模式，为对接京津的产业转移提供优质的平台。另外，河北省应完善承接京津产业转移的配套设施，从而为对接京津产业转移提供有力的基础保障。

(3) 积极引进京津的先进科技资源，增强河北自身的创新能力。京津的科技优势非常明显，北京是全国的科技创新中心，京津两个城市集中着大量的高等院校和科研院所，以及大量的科技创新示范园区，这些科技资源的外溢效应都能为河北省的产业发展发挥积极作用，因此，河北省应制定强有力的政策积极建设和京津合作的产业技术研发基地、产业转型升级实验区、科技园区、技术交易市场，设立科技成果转化基金，使得河北省引进的京津先进技术和产业化项目发展形成一体化的创新链条，使河北省借助自身与京津的区位优势，成为京津科技资源扩散转移的最优选择和最为集聚的地区。

(4) 积极引进京津的人才，进一步加强人才队伍建设，为产业发展提供基础支撑。京津是人才的集聚地，这些人才如果能够引进入河北，能为河北的产业转型升级提供强有力的支撑。因此，河北省应该下大力气实施人才引进计划，重点引进能推动科技成果转化的高层次专家、能带动新兴产业发展的高水平人才和创新团队，从而加快人力资源的利用效果，也可和京津建立人才的共同培养机制，建设京津来河北的人才基地，健全与京津的人才合作机制，为河北省产业的创新发展提供基础支撑。

(5) 积极扶持带动周边区域发展的特色小城镇。要疏解北京非首都功能，实现中心城市与周边地区的互动。河北省要实现和京津地区的协同发展，不仅需要实现4个区域性中心城市、7节点城市的发展，也需要发展一批特色城镇。这是因为，中心城市规模扩张、产业和人口的聚集必须与资源环境承载能力相适应。因此，应以京津冀协同发展为契机，重点发展一批特色城镇，从而带动周边县（市）资源。

　　河北省 22 个县级市中心性区域城镇中，可以将迁安、三河、任丘、武安、遵化、定州、涿州、霸州、辛集九个县级市定为中心性城镇。这些中心性城镇分别处于京津冀不同的发展轴上，可以带动周边经济的发展。在京石邯城镇发展轴上，以京港澳高速、京广铁路为依托，以石家庄市区为中心，发挥保定、邯郸等区域性中心城市以及涿州、定州、武安等次中心城镇的聚集作用，积极引导现代制造业、新能源产业、区域性商贸物流业向轴带聚集，拓展产业园区空间，建设科技与人才服务基地；在京秦城镇发展轴上，以京沈高速公路为依托，以唐山都市区为中心，发挥秦皇岛港口城市和三河、迁安、遵化等中心城镇的聚集作用，加快产业升级改造，培育壮大装备制造业、区域性商贸物流业向轴带聚集，打造沟通华北与东北的物资运输大通道；在京九城镇发展轴上，以京九铁路、大广高速公路为依托，发挥衡水节点城市和霸州、任丘等次中心城镇的带动作用，加速形成新的城镇化发展载体，支持本地特色加工制造业发展，培育一批面向区域的商贸物流基地；石黄城镇发展轴上，以石黄高速为依托，以石家庄都市区为中心，发挥衡水、沧州等中心城市和辛集等次中心城镇的聚集作用，打造东西向发展轴带，积极引导河北南部、山西南部和西北地区物资进出口向黄骅新城汇聚。

　　基于以上河北省特色城镇的发展潜力，河北省应重点发展有条件、有基础的小城镇，为这些特色城镇发展合理布局公共服务设施。河北省的上述九个城镇区位优越，承载能力较强，发展条件较好，应该扶植培育其特色产业，整合产业园区，提升其基础设施水平和综合服务水平，促使小城镇的产业和城市均衡发展，从而推动小城镇和大城市的协调发展。

6.5　本章小结

　　本章分析了河北省各城市承接京津产业转移的优势，并对承接产业的现状和不足进行了总结。同时基于区位商模型，计算了京津冀三地产业区位商，并对具体的产业转移进行了解析。最后，结合三地的功能定位，提出京津冀产业转移中河北省的产业发展策略及措施。并得出以下结论：

（1）河北省在承接京津的产业转移中存在以下问题：承接产业转移平台与承接产业缺乏科学性和规划性；利用外资结构有待优化，质量需进一步提高；跨区域合作承接产业机制不完善；过重产业转移超出环境容量。

（2）京津冀三地区位商存在显著的差异，三地的优势产业与主导产业不同。北京和天津主导产业集中在技术密集型产业现代制造业，重合度较高，而北京和河北的主导产业重合度较低。三地要不断优化调整产业结构，提高产业专业化水平和产业分工，通过产业转移，降低区域内主导产业重合度，河北要抓住京津冀协同发展的契机，承接京津两地的产业转移，尤其是北京项目的产业转移，促进京津冀产业协同发展。

（3）总部经济是北京重要的经济特征之一，发展服务经济是其主体与优势所在，信息技术、文化、金融等是北京的主导产业，所以制造业规模势必被缩小。天津在制造业发展中应瞄准国际趋势，充分挖掘利用自身研发力量和科技资源，打造高端制造业的品牌，在装备制造领域形成具有强大世界级竞争力的重点产业链和产业体系，成为国家级新型产业聚集区和工业化产业示范基地。结合京津冀规划纲要，河北省各城市应在北京非首都功能疏解中，结合自身优势和特点重点承接北京的产业转移，如食品制造业的承接城市为廊坊、承德、秦皇岛；黑色金属冶炼及压延加工业承接地为邢台、邯郸、唐山、承德。

（4）在产业承接中，河北省与京津的紧密协同区应积极承接北京的第三产业尤其是服务业的转移，同时利用天津打造先进制造研发基地的战略契机，承接天津一般制造业的转移，从而进行第二产业的转型升级。河北省与京津的非紧密协同区应立足自身优势，充分发展特色产业。河北省在与京津协同发展中，在有序承接京津的部分产业转移同时，结合自身优势发展特色产业，实现产业从低到高的逆向推移，实现跳跃式发展。

（5）河北省的产业承接中，应在产业对接、平台构建、产业升级、积极引进技术、人才等方面制定相应的措施，并积极发展的特色小镇、特色小城镇，推动区域发展。

7 研究结论及展望

7.1 研究结论

首先，本书在分析京津冀资源环境承载力与产业结构现状的基础上，总结京津冀资源环境承载力与产业结构非协调性及其成因；其次，依据系统论的原理，根据产业经济效益、环境承载力和资源效率三者的相互关系建立资源环境承载力——产业结构多维度耦合综合评价指标体系，采用主成分分析法得出三次产业调整战略及具体产业发展方向；第三，结合新经济地理学市场潜力模型和空间生产理论，分析了京津冀各城市的空间格局，以及北京和周边城市的互动战略格局，明确各城市产业发展类型和产业转移方向；最后，运用产业区位商模型，提出资源环境承载力约束下，依托城市功能定位的产业转移路径，并提出京津冀协同发展中河北省的产业发展策略及措施。在各章详细分析基础上，本章对全文的主要工作进行了总结，充分估计了研究的不足，并对未来的工作进行了展望。

（1）从产业结构方面来看，北京呈现"三、二、一"型三产支撑型产业结构；天津逐步向"三、二、一"型产业结构转型，呈现二产、三产共同发展的双产支撑型。河北呈现"二、三、一"型的二产强支撑型产业结构。北京的产业结构已开始迈向后工业化阶段，天津2015年后迈向后工业化阶段。

（2）京津冀三地主导产业呈现出严重的同构同质倾向；高新技术产业、战略性新兴产业过度集中于北京和天津；三地间在基础设施建设、生态环境保护、产业发展、创新合作等多个方面相对独立，缺少相关产业合作机制与平台，对周边的辐射和带动较小；京津两市的合作欲望很强，河北在参与合作过程中优势有待加强；京津冀三地资源环境承载力薄弱，海河流域超载严重，2020年京津冀地区出现的用水缺口主要为河北省，京津冀地区在单位面积内消耗能量远高于全国水平，这也是造成大气污染的原因之一。

（3）根据产业经济效益、环境承载力和资源效率的相互关系，建立了资源环境承载力和产业发展指标体系，该体系包括人口密集度、年末实有城市道路面积、可利用城市建设用地、可利用水资源量、大气环境容量、水环境容量、研发支出占GDP比重、高新技术产业产值占GDP比重、人口总数、人口自然增长率、城镇人均住房使用面积、万元GDP水耗、SO_2排放量、氨氮排放量、COD排放量等22项指标。

（4）通过主成分分析法评价研究可知，京津冀人口密集度、高新技术产业产值占GDP比重成为影响其大型城市资源承载力的关键指标之一。环境容量指标评价结果显示，水环境容量这一成分得分较高，成为影响其资源环境承载力的关键指标之一。京津冀各城市资源环境承载力排序为北京、天津、石家庄、唐山、邯郸、保定、承德、邢台、张家口、沧州、廊坊、秦皇岛、衡水。

（5）京津冀地区人口自然增长率、城镇人均住房使用面积是影响产业经济发展压力的关键指标之一。以GDP年均增长率为代表的经济发展速度指标和以SO_2排放量环境污染程度指标不同程度上影响和制约着产业发展。2017年，京津冀各城市产业经济发展排序为北京、天津、唐山、石家庄、保定、邯郸、廊坊、秦皇岛、沧州、邢台、衡水、承德、张家口。

（6）京津冀区域市场潜力空间格局以京津为中心，由内向外递减，可分为3个等级：北京和天津地区市场潜力最高，廊坊、唐山、保定、沧州和石家庄次之，秦皇岛、邯郸、邢台、衡水、承德和张家口最低。廊坊、唐山、保定、沧州、承德和张家口地区的市场份额主要来自京津，与京津联系最密切，河北和京津市场潜力差距有逐步扩大的趋势。

（7）基于空间生产理论的研究表明，北京大都市阴影区的形成与长期固化，与北京及外围地区之间长时期以来采用背离型互动战略直接相关。京津冀协同发展中，应该重视地方层面的发展战略协调与良性互动。京津冀协同发展不应只强调首都北京、天津对于优质资源的集聚，而应更加侧重北京和天津功能的有机疏散以及河北对于这些功能的承接，这些措施总体上有利于开启双向互动的模式。

(8) 京津冀三地产业区位商存在显著的差异。京津两地主导产业集中在技术密集型的现代制造业，而京冀主导产业重合度较低。三地应提高产业专业化水平和产业分工，通过产业转移，降低区域内主导产业重合度。

(9) 信息技术、文化、金融等是北京的主导产业，所以制造业规模势必被缩小。针对我国不是制造业强国的现状，天津充分挖掘利用自身研发力量和科技资源，打造高端制造业的品牌，成为国家级新型产业聚集区和工业化产业示范基地。河北省各城市应结合自身优势和特点，重点承接京津的产业转移，如食品制造业的承接城市为廊坊、承德、秦皇岛；黑色金属冶炼及压延加工业承接地为邢台、邯郸、唐山、承德。

(10) 河北省与京津的紧密协同区，应积极承接北京的第三产业尤其是服务业的转移，同时利用天津打造先进制造研发基地的战略契机，承接天津一般制造业的转移，从而进行第二产业的转型升级。非紧密协同区应立足自身优势，充分发展特色产业。河北省的产业承接中，应在产业对接、平台构建、产业升级以及积极引进技术、人才等方面制定相应的措施，并积极发展的特色小镇、特色小城镇，推动区域发展。

7.2 研究展望

产业转移研究是细致而复杂的，本书基于资源环境约束对京津冀的产业转移进行研究，尽管研究中对资源环境承载力与产业结构优化问题做了大量的分析和论证，但是由于统计口径不一致，数据收集受限，再加上研究时间不够充分以及研究水平有待提升，未能深入展开研究，因此资源环境约束下的京津冀产业转型路径研究还有待完善。一是本书在资源环境承载力和产业结构多维度耦合指标体系设计建立过程中，仅限于根据科研项目的要求建立指标体系。对于复杂的资源环境承载力和产业结构评价研究工作，仅仅根据当前的几十个指标不免有太笼统、太概括的缺陷，应继续将研究深入到主要行业当中，使评价指标体系更具有针对性。二是在对京津冀城市群空间结构研究中，对于城市空间生产机制的探析，只是笼统地分析了北京及周边地区，对城市的空间界定不够清楚，应该更细致地划分到城市和县域。三是书中对北京整体产业转移研究较注重，而对承接产业转移的城市研究不够充分，在今后的研究中应该加入这方面的内容，以此更能体现研究的完整性，为解决现实问题提供更有力的依据。

参考文献

［1］毛汉英,周成虎,方创琳."京津冀协同发展"专题序言［J］. 地理科学进展,2017,36（1）：1.

［2］陆大道. 京津冀城市群功能定位及协同发展［J］. 地理科学与进展,2015,34（3）：265-270.

［3］孙东琪,陆大道,张京祥,等. 主体间战略互动视角下的区域空间生产解析——基于环上海与环北京地区的比较研究［J］. 地理科学,2017,37（7）：967-975.

［4］常永智. 产业转移的区域外部作用机理探析［J］. 人民论坛,2016（8）：61-63.

［5］常永智. 经济区域竞争对中国经济发展的影响——基于外部节约视角［D］. 长春：东北师范大学,2013.

［6］Chang Y Z, Dong S C. Evaluation of sustainable development of resources-based cities in Shanxi Province based on unascertained measure［J］. Sustainability,2016,8（6）：585-602.

［7］常永智,丁四保. 中国产权区域研究——一种区域外部性视角［J］. 社会学家,2013（4）,65-68.

［8］方创琳,宋吉涛,张蔷,等. 中国城市群结构体系的组成与空间分异格局［J］. 地理学报,2005,60（5）：827-840.

［9］Young C C. Defining the range: The development of carrying capacity in management practice［J］. Journal of the History of Biology,1998,31（1）：61-83.

［10］张林波, 李文华, 刘孝富, 等. 承载力理论的起源、发展与展望［J］. 生态学报, 2009, 29 (2): 878-888.

［11］Malthus T R. An essay on the principle of population ［M］. London: Pickering, 1798.

［12］Park R F, Burgess E W. An introduction to the science of sociology ［J］. Chicogo: EGEA SpA, 1921.

［13］Vogt W. Road to survival ［M］. London: Victor Gollancz Ltd., 1948.

［14］UNESCO & FAO. Carrying capacity assessment with a pilot study of Ken Ya: A resources accounting methodology for exploring national options for sustainable development ［R］. Paris and Rome, 1985.

［15］Slesser M. Enhancement of carrying capacity options ［M］. London: The Resource Use Institute, 1990.

［16］IUCN/UNEP/WWF. Caring for the earth: A strategy for sustainable living ［M］. IUCN. Switzerland, 1991.

［17］Arrow K, Bolin B, Costanza R, et al. Economic growth, carrying capacity and the environment ［J］. Science, 1995, 268 (5210): 520-521.

［18］Running S W. A measurable planetary boundary for the biosphere ［J］. Science, 2012, 337 (6101): 1458-1459.

［19］United States Environmental Protection Agency. Four township environmental carrying capacity study ［R/OL］. 2002-01-26. http://www.kbs.msu.edu/ftwrc/publications/Envcapacity.Pdf.

［20］Graymore M L M, Sipe N G, Rickson R E. Regional sustainability: How useful are current tools of sustainability assessment at regional scale? ［J］. EcologicalEcomomics, 2008, 67 (3): 362-372.

［21］Graymore M L M, Sipe N G, Rickson R E. Sustaining human carrying capacity: A tool for regional sustainability assessment ［J］. Ecological Ecomomics, 2010, 69 (3): 459-468.

[22] Kyushik O H, Yeunwoo J, Dongkun L. Determining development density using the urban carrying capacity assessment system [J]. Landscape and urban planning, 2005, 73 (1): 1-15.

[23] Widodo B, Lupyanto R, Sulistiono B, et al. Analysis of environmental carrying capacity for the development of sustainable settlement in Yogyakarta Urban Are [J]. Procedia Environmental Sciences, 2015, 28: 519-527.

[24] 竺可桢. 论我国气候的几个特点及其与粮食作物生产的关系 [J]. 地理学报, 1964, 30 (1): 1-13.

[25] 陈百明. "中国土地资源生产能力及人口承载量"项目研究方法概论 [J]. 自然资源学报, 1991, 6 (3): 197-205.

[26] 陈百明. 中国农业资源综合生产能力与人口承载能力 [M]. 北京: 气象出版社, 2001.

[27] 封志明, 杨艳昭, 张晶. 中国基于人粮关系的土地资源承载力研究 [J]. 自然资源学报, 2008, 23 (5): 865-875.

[28] 郑振源. 中国土地的人口承载潜力研究 [J]. 中国土地科学, 1996, 10 (4/5): 33-38.

[29] 王书华, 毛汉英. 土地综合承载力指标体系设计及评价——中国东部沿海地区案例研究 [J]. 自然资源学报, 2001, 16 (3): 248-254.

[30] 党安荣, 阎守邕, 吴宏歧, 等. 基于GIS的中国土地生产潜力研究 [J]. 生态学报, 2000, 20 (6): 910-915.

[31] 施雅风, 曲耀光. 乌鲁木齐河流域水资源承载力及其合理利用 [M]. 北京: 科学出版社, 1992.

[32] 李晓文, 方创琳, 黄金川, 等. 西北干旱区城市土地利用变化及其区域生态环境效应——以甘肃河西地区为例 [J]. 第四纪研究, 2003, 23 (3): 280-290.

[33] 曾维华, 王华东, 薛纪渝, 等. 人口、资源与环境协调发展关键问题之环境承载力研究 [J]. 中国人口·资源与环境, 1991, 1 (2):

33 -37.

[34] 张广海, 刘佳. 旅游环境承载力研究进展 [J]. 生态经济, 2008 (5): 81 -83.

[35] 王玉平, 卜善祥. 中国矿产资源经济承载力研究 [J]. 煤炭经济研究, 1998 (12): 15 -18.

[36] 韩增林, 狄乾斌. 辽宁省海洋水产资源承载力与可持续发展探讨 [J]. 海洋开发与管理, 2003 (2): 52 -57.

[37] 樊杰. 汶川地震灾后恢复重建资源环境承载能力评价 [M]. 北京: 科学出版社, 2009.

[38] 樊杰. 玉树地震灾后恢复重建资源环境承载能力评价 [M]. 北京: 科学出版社, 2010.

[39] 蔡昉. "十四五" 京津冀协同发展新形势新任务 [N]. 北京日报, 2019 -10 -18 (3).

[40] 吕弼顺, 程火生, 朱卫红. 图们江地区区域承载力动态变化研究 [J]. 地理科学, 2010, 30 (5): 717 -722.

[41] 任守德, 付强, 王凯. 基于宏微观尺度的三江平原区域农业水土资源承载力 [J]. 农业工程学报, 2011, 27 (2): 8 -14.

[42] 高素芳. 城市水资源承载力评价指标体系研究 [D]. 乌鲁木齐: 新疆师范大学, 2005.

[43] 任家强, 孔凡文, 孙萍. 城镇化进程中的城市建设用地承载力测算研究——以辽宁省为例 [J]. 资源开发和市场, 2014, 30 (3): 295 -320.

[44] 范丽雅, 余锡钢, 金均. 浙江省大气环境承载力时空分布特征研究 [J]. 环境污染与防治, 2013, 35 (12): 72 -77.

[45] 刘叶志. 矿产资源承载力评价及其环境约束分析 [J]. 闽江学院学报, 2012, 33 (5): 43 -48.

[46] 邓祥征, 黄季焜, SCOTT R. 中国耕地变化及其对生物生产力的影响——兼谈中国的粮食安全 [J]. 中国软科学, 2005 (5): 65 -70.

[47] 封志明,杨艳昭,张晶,等.从栅格到县域:中国粮食生产的资源潜力区域差异分析[J].自然资源学报,2007,22(5):747-755.

[48] 李忠武,叶芳毅,李裕元,等.基于逐级递减法的洞庭湖区晚稻生产潜力模拟与预测[J].地理研究,2010,29(11):2017-2025.

[49] Meadows D H, Randers J, Meadows D L. Limits to growth: The 30-year update [M]. White River Junction, VT: Chelsea Green, 2004.

[50] 毛汉英,余丹林.基于状态空间模型的天津市环境承载力动态测评[J].地理学报,2001,56(3):363-371.

[51] 方创琳,鲍超,张传国.干旱地区生态-生产-生活承载力变化情势与演变情景分析[J].生态学报,2003,23(9):1915-1923.

[52] 祝秀芝,李宪文,贾克敬,等.上海市土地综合承载力的系统动力学研究[J].中国土地科学,2014(2):90-96.

[53] Rees W E. Ecological footprints and appropriated carrying capacity: What urban economics leaves out [J]. Environment and urbanization, 1992, 4(2): 121-130.

[54] 徐中民,张志强,程国栋,等.中国1999年生态足迹计算与发展能力分析[J].应用生态学报,2003,14(2):280-285.

[55] 闵庆文,李云,成升魁,等.中等城市居民生活消费生态系统占用的比较分析——以泰州、商丘、铜川、锡林郭勒为例[J].自然资源学报,2005,20(2):286-292.

[56] 谢高地,曹淑艳,鲁春霞,等.中国的生态服务消费与生态债务研究[J].自然资源学报,2010,25(1):43-51.

[57] Smith A. An inquiry into the nature and causes of the wealth of nations [M]. London: Methuen & CO., 1776.

[58] Ricardo D. On the principles of political economy and taxation [M]. London: John Murray, 1817.

[59] Olin B. I Interregional and international trade. Interregional and inter-

national trade [M]. Cambridge: Harvard University Press, 1933.

[60] Akamatsu K. A historical pattern of economic growth developing countries [J]. The Developing Economies, 1962, 1 (Suppl. 1): 3-25.

[61] Yamazawa I. Intensity analysis of world trade flow [J]. Hitotsubashi Journal of Economics, 1970, 10 (2): 61-90.

[62] Wells L T. Third world multinationals [M]. Boston: The MIT Press, 1983.

[63] Lall S. The new multinationals: the spread of third world enterprises [M]. London: NewDay Ltd., 1984.

[64] Cantwell J A, Tolentino P E. Technological accumulation and third world multinational [J]. International Investment and Business Studies, 1990, 139: 948-982.

[65] Lewis W A. Economic development with unlimited supplies of labour [J]. The Manchester School, 1954, 22 (2): 139-191.

[66] Vernon R. International Investment and international trade in the product cycle [J]. The Quarterly Journal of Economics, 1966, 8 (4): 190-207.

[67] Dunning J H. Trade, location of economic activity and the MNE: a Search for a Eclectic Approach [J]. The International Allocation of Economic Activity, 1977, 29 (1): 395-418.

[68] Dunning J H. International production and the multinational enterprise [M]. London: George Allen & Unwin (Publishers) Ltd., 1981.

[69] Kojima k. Japanese direct investment aboard [D]. Tokyo: International Christian University, 1990.

[70] 段小薇，李璐璐，苗长虹，等. 中部六大城市群产业转移综合承接能力评价研究 [J]. 地理科学，2016，36 (5): 681-690.

[71] 周京奎，王文波，张彦彦. "产业—交通—环境"耦合协调发展的时空演变—以京津冀城市群为例 [J]. 华东师范大学学报（哲学社会

科学版),2019(5):118-134+240.

[72] 孙虎,乔标. 京津冀产业协同发展的问题与建议 [J]. 中国软科学,2015(7):68-74.

[73] 母爱英,卢燕."双碳"目标引领京津冀产业链集群协同发展——"2021碳中和愿景下京津冀协同发展论坛"综述 [J]. 河北经贸大学学报(综合版),2021,21(4):90-95.

[74] 母爱英,武建奇. 京津冀都市圈管治中政府间行为博弈分析 [J]. 河北学刊,2007(2):163-167.

[75] 金浩,隋蒙蒙. 京津冀协同发展过程中河北省产业承接力研究 [J]. 河北工业大学学报(社会科学版),2015,7(1):1-9.

[76] 王磊,李金磊. 区域协调发展的产业结构升级效应研究—基于京津冀协同发展政策的准自然实验 [J]. 首都经济贸易大学学报,2021,23(4):39-50.

[77] 田学斌,闫真. 差别化优势与对接发展——关于河北与京津合作的基本问题探讨 [J]. 河北省社会主义学院学报,2011(2):67-71.

[78] 唐晓华,张欣珏,李阳. 中国制造业与生产性服务业动态协调发展实证研究 [J]. 经济研究,2018,53(3):79-93.

[79] 魏后凯. 重塑京津冀发展空间格局 [N]. 经济日报,2014-06-06(7).

[80] 霍远,王盛兰. 产业创新与产业升级耦合协调发展的时空特征及驱动因素研究 [J]. 商业经济研究,2018(16):177-180.

[81] 武义青,赵亚南. 京津冀碳排放的地区异质性及减排对策 [J]. 经济与管理,2014(10):13-16.

[82] 母爱英,王建超,严飞. 基于循环经济视角的首都圈生态产业链构建 [J]. 城市发展研究,2012,19(12):72-76.

[83] 骆方金. 当代桂林城市功能定位研究 [J]. 社会科学家,2005(3):206-208.

[84] 朱才斌. 城市定位的基本方法 [J]. 城市规划, 2000 (7): 32-35.

[85] 石正方, 李培祥. 城市功能转型的结构优化分析 [J]. 生产力研究, 2002 (2): 90-93.

[86] 张复明. 城市定位的理论思考 [J]. 城市规划, 2000 (3): 54-57.

[87] 牛岩. 长吉图开发开放先导区中的长春城市功能定位研究 [D]. 长春: 吉林大学, 2014.

[88] 黄美均. 城市化进程中的定位问题 [J]. 国土资源, 2003 (10): 37-39.

[89] 仇保兴. 城市定位理论与城市核心竞争力 [J]. 城市规划, 2002 (7): 11-13.

[90] Daly H E. Steady-state economics [M]. Washington D C: Island Press, 1990.

[91] Miller R E, Blair P D. Input-output analysis: foundations and extensions [M]. Cambridge: Cambridge University Press, 1985.

[92] Hirschman A O. The strategy of economic development [J]. Ekonomisk Tidskrift, 1958, 50 (199): 1331-1424.

[93] Leeuw FAAMD, Moussiopoulos N, Sahm P, et al. Urban air quality in larger conurbations in the European Union [J]. Environmental Modeling & Software, 2001, 16 (4): 399-414.

[94] Dao Z Z, Lai X Z. Pollution havens and industrial agglomeration [J]. Journal of Environmental Economics and Management, 2009, 58 (2): 141-153.

[95] 齐园, 张永安. 产业结构演变与工业二氧化硫排放的关系——以京津冀为例 [J]. 城市问题, 2015 (6): 54-62.

[96] 王辅信, 张立存, 张许颖. 中国各地区投入产出分析与产业结构变化研究 [J]. 数量经济技术经济研究, 1998 (9): 43-46.

[97] 张晓东, 池天河. 基于区域资源环境容量的产业结构分析——

以北京怀柔县为例 [J]. 地理科学进展, 2000, 19 (4): 366 – 373.

[98] 陆诤岚. 资源约束条件下我国产业结构调整理论与政策研究 [D]. 杭州: 浙江大学, 2003.

[99] 阎同生. 河北资源与产业结构研究 [J]. 合作经济与科技, 2006 (14): 40 – 41.

[100] 黄晓莉. 资源约束条件下浙江工业结构调整战略的思考 [J]. 特区经济, 2006 (1): 162 – 163.

[101] 周建安. 资源约束与我国产业结构演进生态发展路径的实证研究 [J]. 当代财经, 2008 (6): 77 – 81.

[102] 高顺岳. 温州产业结构调整与资源优化配置探索 [J]. 统计科学与实践, 2010 (11): 44 – 46.

[103] 何帆. 资源环境约束下经济增长模式转型研究 [D]. 西安: 西北大学, 2009.

[104] Haken H. Synergetics, an introduction: nonequilibrium phase transitions and self – organization in Physics, Chemistry, and Biology, 3rd rev. enl. Ed [M]. New York: Springer – Verlag, 1983.

[105] 曹英志, 王世福. 我国海域资源配置基本类型探析 [J]. 前沿, 2014 (Z2): 97 – 98.

[106] Corbusier L. The city of tomorrow and its planning [M]. New York: Dover Publications, 1987.

[107] Saarinen E. The city. Its growth – Its decay – Its future [M]. New York: Reinhold Publishing Corporation, 1943.

[108] Calthorpe P. The Next American metropolis: Ecology, community, and the American dream [M]. New York: Princeton Architectural Press, 1993.

[109] Lefebvre H. The production of space [M]. Oxford: Blackwell, 1991.

[110] Molotch H. The city as a growth machine: Toward a political economy of place [J]. American Journal of Sociology, 1976, 82 (2): 309 – 332.

[111] Perroux F. Note sur la notion de pole de croissance? [J]. Economic Appliqee, 1955, 8: 307-320.

[112] Friedmann J. Regional Development Policy [M]. Cambridge: The MIT Press, 1966.

[113] Christaller W. Central places in Southern Germany [M]. Englewood cliffs, Prentice Hall, 1966.

[114] Frosch R A, Gallopoulos N E. Strategies for manufacturing [J]. Scientific American, 1989, 261 (3): 94-102.

[115] Erkman S. Industrial ecology: An historical view [J]. Journal of Cleaner Production, 1997, 5 (5): 1-10.

[116] 王如松, 杨建新. 产业生态学和生态产业转型 [J]. 世界科技研究与发展, 2000, 1 (5): 24-32.

[117] 邓伟根. 产业转型: 经验、问题与策略 [M]. 北京: 经济管理出版社, 2006.

[118] 周建安. 我国产业结构演进的生态发展路径选择 [D]. 广州: 暨南大学, 2007.

[119] 肖海平. 区域产业结构低碳转型研究——以湖南省为例 [D]. 上海: 华东师范大学, 2012.

[120] Boulding K E. Economic analysis: Microeconomics [M]. New York: Harper &Row. 1966.

[121] Pearce D W, Turner R K. Economics of natural resources and the environment [M]. Edinburgh Gate: Paperback edition, 1989.

[122] 陈奉明. 浅议生活垃圾治理与循环经济的实现条件 [J]. 现代商业, 2010 (6): 287-288.

[123] 王庆忠. 中国循环经济投融资机制研究 [D]. 北京: 北京工业大学, 2007.

[124] 葛荣凤, 许开鹏, 迟妍妍, 等. 京津冀地区矿产资源开发的生

态环境影响研究［J］. 中国环境管理，2017，9（3）：46-51.

［125］郝吉明，王金南，蒋洪强，等. 环境承载力约束下的国家产业发展布局战略研究［J］. 中国工程科学，2017，19（4）：20-26.

［126］郭莉. 京津冀平原区土壤环境质量和土地资源分布特征［J］. 城市地质，2017，12（2）：60-64.

［127］王祖伟，李宗梅，王景刚，等. 天津污灌区土壤重金属含量与理化性质对小麦吸收重金属的影响［J］. 农业环境科学学报，2007，26（4）：1406-1410.

［128］张久潮，曹淑萍. 天津城郊污染区土壤 Cd 的赋存形态及其对蔬菜的影响［J］. 地质通报，2007，26（11）：1494-1498.

［129］李随民，栾文楼，魏明辉. 河北省唐—秦地区表层土壤地球化学质量评价［J］. 中国地质，2009，36（4）：932-939.

［130］郭海全，杨志宏，李宏亮，等. 河北平原表层土壤重金属环境质量及污染评价［J］. 中国地质，38（1）：218-225.

［131］张秀芝，王三民，李建华. 冀东沿海地区镉的富集程度及成因分析［J］. 地球与环境，2007，35（4）：321-326.

［132］张秀芝，郭海全，李宏亮，等. 河北省白洋淀洼地环境地球化学源判断［J］. 地学前缘，2008，15（5）：90-96.

［133］栾文楼，温小亚，崔邢涛，等. 冀东表层土壤中重金属富集特征与污染评价［J］. 安徽农业科学，2008，36（26）：11363-11366.

［134］白云蛟. 环境约束下京津冀产业转型协同发展研究［D］. 保定：河北大学，2015.

［135］陈淮. 工业部门结构学导论［M］. 北京：中国人民大学出版社，1990.

［136］薛惠锋. 破解我国结构性污染的环境政策［N］. 中国环境报，2006-8-25.

［137］崔凤军，杨永慎. 产业结构的城市生态环境的影响评价［J］.

中国环境科学, 1998, 18 (2): 166-169.

[138] Fish A C. Resource & environmental economics [M]. Cambridgeshire: Cambridge University Press, 1981.

[139] 唐剑武, 叶文虎. 环境承载力的本质及定量化初步研究 [J]. 中国环境科学, 1998, 18 (3): 227-230.

[140] 海热提·涂尔逊, 杨志峰, 王华东. 试论城市环境及其容载力 [J]. 中国环境科学, 1998, 18 (S1): 24-30.

[141] 厉以宁, 章铮. 环境经济学 [M]. 中国计划出版社, 1995.

[142] 曹利军, 王华东. 可持续发展指标体系建立原理与方法研究 [J]. 环境科学学报, 1998, 18 (5): 526-532.

[143] 阎兆万. 论产业发展与环境保护的关系 [J]. 经济研究参考, 2007 (65): 17-26.

[144] 翟林. 京津冀协同发展产业用地布局及土地利用问题研究 [D]. 北京: 中国地质大学 (北京), 2015.

[145] 王树强, 张贵. 基于秩和比的京津冀综合承载力比较研究 [J]. 地域研究与开发, 2014, 33 (4): 19-25.

[146] 丁小燕, 王福军, 等. 基于市场潜力模型的京津冀区域空间格局优化及产业转移研究 [J]. 地理与地理信息科学, 2015, 31 (4): 89-93.

[147] 中华人民共和国国务院. 京津冀协同发展规划纲要 [EB/OL]. http://www.gov.cn/xinwen/2015-07/12/content_2895589.htm.

[148] Wang S G, Chen B. Energy-water nexus of urban agglomeration based on multiregional input-output tables and ecological network analysis: A case study of the Beijing-Tianjin-Hebei region [J]. Applied Energy, 2016, 178: 773-783.

[149] Xie H L, He Y F, Xie X. Exploring the factors influencing ecological land change for China's Beijing-Tianjin-Hebei region using big data [J]. Journal of Cleaner Production, 2016, 142: 677-687.

[150] Zhang L L, Jin X W, Johnson A C, et al. Hazard posed by metals and As in PM2.5, in air of five megacities in the Beijing – Tianjin – Hebei region of China during APEC [J]. Environmental Science & Pollution Research, 2016, 23 (17): 1-10.

[151] Wang J, Huang B, Fu D J, Atkinson P M, Zhang X Z. Response of urban heat island to future urban expansion over the Beijing – Tianjin – Hebei metropolitan area [J]. Applied Geography, 2016, 70 (70): 26-36.

[152] Miao Y C, Guo J P, Liu S H, Liu H, Zhang G, Yan Y, He J. Relay transport of aerosols to Beijing – Tianjin – Hebei region by multi – scale atmospheric circulations [J]. Atmospheric Environment, 2017, 165: 35-45.

[153] Han R, Tang B J, Fan J L, et al. Integrated weighting approach to carbon emission quotas: An application case of Beijing – Tianjin – Hebei region [J]. Journal of Cleaner Production, 2016, 131: 448-459.

[154] Zhang L Q, Peng J, Liu Y X, et al. Coupling ecosystem services supply and human ecological demand to identify landscape ecological security pattern: A case study in Beijing – Tianjin – Hebei region, China [J]. Urban Ecosystems, 2017, 20 (3): 701-714.

[155] Guo X R, Fu L W, Ji M S, et al. Scenario analysis to vehicular emission reduction in Beijing – Tianjin – Hebei (BTH) region, China [J]. Environmental Pollution, 2016, 216: 470-479.

[156] 陈红霞, 李国平, 张丹. 京津冀区域空间格局及其优化整合分析 [J]. 城市发展研究, 城市发展研究, 2011, 18 (11): 74-79.

[157] Ikeda K, Murota K, Takayama Y. Stable economic agglomeration patterns in two dimensions: Beyond the scope of central place theory [J]. Journal of Regional Science, 2016, 57 (1): 132-172.

[158] Doran D, Fox A. Operationalizing central place and central flow theory with mobile phone data [J]. Annals of Data Science, 2016, 3 (1): 1-24.

[159] Zhang B, Shi Z, Yu L B, et al. Dabie mountain sports tourism project development location problems research under growth pole theory perspective [J]. Journal of Chemical & Pharmaceutical Research, 2014, 44: 61 – 66.

[160] Smith P L, Sewell D K. A competitive interaction theory of attentional selection and decision making in brief, multielement displays [J]. Psychological Review, 2013, 120 (3): 589 – 627.

[161] Maudet J B. La diffusion spatiale à l'épreuve des rodéosLes hybridations tauromachiques de l'Europe à l'Amérique [J]. Ethnologie Franaise, 2011, 41 (4): 667 – 675.

[162] Loeb L B, Parker J H, Dodd E E, et al. The choice of suitable gap forms for the study of corona breakdown and the field along the axis of a hemispherically capped cylindrical point – to – plane gap [J]. Review of Scientific Instruments, 1950, 21 (1): 42 – 47.

[163] Krugman P. Increasing returns and economic geography [J]. Journal of Political Economy, 1991, 99 (3): 483 – 499.

[164] Krugman P. What's new about the new economic geography? [J]. Oxford Review of Economic Policy, 1998, 14 (2): 7 – 17.

[165] Fujita M. Urban economic theory [M]. Cambridge: Cambridge Books, 1989.

[166] Fujita M, Krugman P, Venables A. The spatial economy: Cities, regions, and international trade [M]. Cambridge: MIT Press, 2000.

[167] 石敏俊, 赵曌, 金凤君. 中国地级行政区域市场潜力评价[J]. 地理学报, 2007, 62 (10): 1063 – 1072.

[168] 庞娟. 产业转移与区域经济协调发展 [J]. 理论与改革, 2000 (3): 82 – 83.

[169] 刘远柱. 江苏省区域产业转移问题对策分析 [J]. 改革与战略, 2008, 24 (7): 96 – 98.

[170] 郑重,于光,周永章,等.区域可持续发展机制响应:资源环境一体化中的京津冀产业转移研究[J].资源与产业,2009,11(2):26-29.

[171] 李春梅,李亚兵.产业结构优化与区际产业转移:理论与模型[J].兰州学刊,2015(11):197-203.

[172] 郭力.劳动力流动、产业转移与城市化体系调整——基于新经济地理模型的分析及对策建议[J].现代城市研究,2015(12):42-47.

[173] 李国平,张文忠,孙铁山,等.首都圈结构、分工与营建战略[M].北京:中国城市出版社,2004.

[174] 李国平,陈秀欣.京津冀都市圈人口增长特征及其解释[J].地理研究,2009,28(2):191-202.

[175] 陈洁,陆锋.京津冀都市圈城市区位与交通可达性评价[J].地理与地理信息科学,2008,24(2):53-56.

[176] Harris C D. The market as a factor in the localization of industry in the United States [J]. Annals of the Association of American Geographers, 1954, 44: 315-348.

[177] 唐朝生,芦佩,樊少云,等.京津冀城市群空间经济联系研究——基于修正引力模型[J].燕山大学学报(哲学社会科学版),2017,18(6):80-87.

[178] Richardson H W. Growth pole spillovers: The dynamics of backwash and spread [J]. Regional Studies, 1976, 10 (1): 1-9.

[179] Gaile G L. The spread-backwash concept [J]. Regional Studies, 1980, 14 (1): 15-25.

[180] Ke S, Feser E. Count on the growth pole strategy for regional economic growth Spread-backwash effects in greater central China [J]. Regional Studies, 2010, 44 (9): 1131-1147.

[181] Fleisher B, Li H, Zhao M Q. Human capital, economic growth, and regional inequality in China [J]. Journal of Development Economics, 2010,

92 (2): 215 - 231.

[182] Richardson H W, Richardson M. The relevance of growth center strategies to Latin America [J]. Economic Geography, 1975, 51 (2): 163 - 178.

[183] Ying L G. Measuring the spillover effects: Some Chinese evidence [J]. Papers in Regional Science, 2000, 79 (1): 75 - 89.

[184] 陈晨, 赵民. 中心城市与外围区域空间发展中的"理性"与"异化"——上海周边地区"接轨上海"的实证研究 [J]. 城市规划, 2010 (12): 42 - 50.

[185] 赵渺希. 长三角区域的网络交互作用与空间结构演化 [J]. 地理研究, 2011, 30 (2): 311 - 323.

[186] 孙久文, 邓慧慧, 叶振宇. 京津冀城市群都市圈区域合作与北京的功能定位 [J]. 北京社会科学, 2009 (6): 19 - 24.

[187] 张京祥, 庄林德. 大都市阴影区演化机理及对策研究 [J]. 南京大学学报: 自然科学版, 2000, 36 (6): 687 - 692.

[188] 孙东琪, 张京祥, 胡毅, 等. "大都市阴影区"嘉兴市的形成机制解析——兼与苏州市的发展差异研究 [J]. 人文地理, 2014, 29 (1): 66 - 71.

[189] 张京祥, 庄林德. 大都市阴影区演化机理及对策研究 [J]. 南京大学学报（自然科学版）, 2000, 36 (6): 687 - 692.

[190] 孙东琪, 张京祥, 胡毅, 等. 基于产业空间联系的"大都市阴影区"形成机制解析——长三角城市群与京津冀城市群的比较研究 [J]. 地理科学, 2013, 33 (9): 1043 - 1050.

[191] 孙东琪, 张京祥, 胡毅, 等. 1990 年以来上海"大都市阴影区"的时空演替——基于县域尺度单元的分析 [J]. 长江流域资源与环境, 2014, 23 (7): 895 - 903.

[192] 陆大道. 区域发展及其空间结构 [M]. 北京: 科学出版社, 1995.

[193] 洪银兴. 苏南模式的演进及其对创新发展模式的启示 [J]. 南京大学学报（哲学·人文科学·社会科学），2007，44（2）：31-38.

[194] 陆大道. 京津功能定位须跨越体制门槛 [J]. 中国房地产业，2014（11）：50-51.

[195] 陆大道. 我国区域发展的战略、态势及京津冀协调发展分析 [J]. 北京社会科学，2008（6）：5-7.

[196] 刘泽刚. 河北省金融后台服务中心建设问题研究 [M]. 石家庄：河北经贸大学，2011.

[197] 马誉峰. 京畿强市，善美保定环渤海经济瞭望 [J]. 环渤海经济瞭望，2013（5）：5-7.

[198] 李峰，马靖忠，吕冰，等. 曹妃甸低碳区域中心建设的必要性和路径探讨 [J]. 经济论坛，2012（4）：72-74.

[199] 王剑雄. 2022冬奥会PM2.5减排研究—基于减排模型的实证分析 [J]. 山东社会科学，2015（12）：133-135.

[200] 赵晶，闫育东，张亚楠. 冰雪情，申奥梦—中国北京申办2022年冬奥会前瞻 [J]. 北京体育大学学报，2014，37（7）：29-37.

[201] 王博. 拥抱美丽河北，全面建成小康 [N]. 河北日报，2015-11-12（3）.

[202] 中国工程科技发展战略研究院. 中国战略性新兴产业发展报告 [R]. 北京：科学出版社，2014.

[203] 李小波，苏怡莲. 河北省承接产业转移现状、问题及对策[J]. 当代经济，2013（21）：91-93.

[204] 刘友金，胡黎明. 产品内分工、价值链重组与产业转移——兼论产业转移过程中的大国战略 [J]. 中国软科学，2011（3）：149-151.

[205] 宋海踏，王滢. 京津冀协同发展：产业结构调整与大气污染防治 [J]. 中国人口资源与环境，2016（S1）：75-78.

[206] 张弛. 论跨国公司的海外生产与母国的"产业空心化" [J].

世界经济文汇, 1993 (5): 42-46.

［207］Haggett P. Locational Analysis in Human Geography [M]. London: Edward Arnold, 1965.

［208］张楠. 京津冀协同发展下产业转移研究 [D]. 长春: 吉林大学, 2017.

［209］Morrissey K. A location quotient approach to producing regional production multipliers for the Irish economy [J]. Papers in Regional Science, 2016, 95 (3): 491-506.

［210］Morrissey K. Producing regional production multipliers for Irish marine sector policy: A location quotient approach [J]. Ocean & Coastal Management, 2014, 91 (4): 58-64.

［211］Jahn M. Extending the FLQ formula: a location quotient – based interregional input – output framework [J]. Regional Studies, 2016: 1-12.

［212］廖宏伟, 张楠. 京津冀协同发展下产业转移问题研究 [J]. 济南大学学报（社会科学版）, 2016, 26 (3): 85-93.